who?

글·그림 스튜디오 해닮

해닮은 '해를 닮은 사람들'의 약자로, 해처럼 밝고 건강한 작품을 만들기 위해 2009년에 일곱 명의 작가가 모여 만든 공동체입니다. 일곱 가지 색깔을 가진 일곱 명의 작가가 다양하고 재미있는 학습 만화와 창작 만화, 동화 삽화 작업을 하고 있습니다. 대표작으로 학습 만화《홍쌤의 최강수학》,《요리공주》등과 어린이 동화《두바이처럼 생각하라》,《백 원 갖고 뭐해?》,《공룡탐험대》등이 있습니다.

감수 경기초등사회과연구회
진로 탐색 감수 이랑(한국고용정보원 전임연구원)
추천 송인섭(숙명 여자 대학교 명예 교수)

 세계 인물

마거릿 대처

개정판 1쇄 인쇄 2024년 11월 15일
개정판 1쇄 발행 2025년 1월 1일

글·그림 스튜디오 해닮

펴낸이 김선식
펴낸곳 다산북스

부사장 김은영
어린이사업부총괄이사 이유남
책임편집 박세미 **디자인** 김은지 **책임마케터** 김희연
어린이콘텐츠사업1팀장 박정민 **어린이콘텐츠사업1팀** 김은지 박세미 강푸른
마케팅본부장 권장규 **마케팅3팀** 최민용 안호성 박상준 김희연
편집관리팀 조세현 김호주 백설희 **저작권팀** 이슬 윤제희 **제휴홍보팀** 류승은 문윤정 이예주
재무관리팀 하미선 김재경 임혜정 이슬기 김주영 오지수
인사총무팀 강미숙 이정환 김혜진 황종원
제작관리팀 이소현 김소영 김진경 최완규 이지우 박예찬
물류관리팀 김형기 김선민 주정훈 김선진 한유현 전태연 양문현 이민운

출판등록 2005년 12월 23일 제313-2005-00277호
주소 경기도 파주시 회동길 490
전화 02-704-1724 **팩스** 02-703-2219
다산어린이 카페 cafe.naver.com/dasankids **다산어린이 블로그** blog.naver.com/stdasan
종이 신승INC **인쇄** 북토리 **코팅 및 후가공** 평창피앤지 **제본** 대원바인더리

ISBN 979-11-306-5810-0 14990

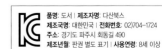

품명: 도서 | **제조자명:** 다산북스
제조국명: 대한민국 | **전화번호:** 02)704-1724
주소: 경기도 파주시 회동길 490
제조년월: 판권 별도 표기 | **사용연령:** 8세 이상

※ KC마크는 이 제품이 공통안전기준에 적합하였음을 의미합니다.

마거릿 대처

Margaret Thatcher

다산
어린이

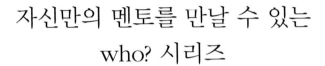

자신만의 멘토를 만날 수 있는
who? 시리즈

다산어린이의 〈who?〉 시리즈는 어린이들은 물론 어른들에게도 재미와
감동을 주는 교양 만화입니다. 〈who?〉 시리즈는 전 세계 인류에 영향력을
끼친 인물들로 구성되었으며 인물들의 삶과 사상을 객관적으로 전해
줍니다.

이처럼 다양한 나라와 분야에서 활약한 위인들의 이야기를 통해 과학,
예술, 정치, 사상에 관한 정보는 물론이고, 나라별 문화와 역사까지 배우게
될 것입니다. 〈who?〉 시리즈의 가장 큰 장점은 위인들이 그들의 삶에서
겪은 기쁨과 슬픔, 좌절과 시련, 감동을 어린이들이 함께 느낄 수 있다는
것입니다. 어린이들은 이 책을 읽으면서 폭넓은 감수성을 함양하게 됩니다.

〈who?〉 시리즈의 어린이 독자들이 책 속의 위인들을 통해 자신만의
멘토를 만나 미래의 세계적인 리더로 성장하기를 진심으로 응원합니다.

존 덩컨 미국 UCLA 동아시아학부 교수

존 덩컨(John B. Duncan) 교수는 한국학 분야의 세계적인 석학으로
미국 UCLA 한국학 연구소 소장 및 동 대학의 동아시아학부 교수를
겸직하고 있습니다. 하버드 대학교 교환 교수와 고려 대학교 해외
교육 프로그램 연구센터장을 역임했으며, 주요 저서로는
《조선 왕조의 기원》, 《조선 왕조의 시민 행정의 제도적 기초》 등이
있습니다.

세상을 더 나은 곳으로 만든 사람들의 이야기

　어린이들은 자라면서 수많은 궁금증을 가지게 됩니다. 그중에서도 "저 사람은 누굴까?"라는 질문은 종종 아이들의 머릿속을 온통 지배해 버리기도 합니다. 다산어린이에서 출간된 〈who?〉 시리즈는 그런 궁금증을 해결해 주기 위해 지구촌 다양한 분야의 리더들을 소개하고 있습니다.

　〈who?〉 시리즈에 등장하는 인물들은 인종과 성별을 넘어 세상을 더 나은 곳으로 만든 사람들입니다. 어린이들은 이 책에서 디지털 아이콘으로 불리는 스티브 잡스는 물론 니콜라 테슬라와 같은 천재 발명가를 만날 수 있습니다.

　책 속 주인공들의 어린 시절 이야기를 통해 기쁨과 슬픔, 도전과 성취감을 함께 맛보고, 그들과 함께 성장하면서 스스로 창조적이고 인류에 도움이 되는 사람이 되겠다는 포부와 자신감을 갖게 될 것입니다.

　〈who?〉 시리즈 속에서 다채롭고 생동감 넘치는 위인들의 이야기를 만나 보세요.

에드워드 슐츠 하와이 주립 대학교 언어학부 교수

에드워드 슐츠(Edward J. Shultz) 하와이 주립 대학교 언어학부 교수는 동 대학의 한국학센터 한국학 편집장을 역임한 세계적인 석학입니다. 평화봉사단 활동의 하나로 한국에서 영어 교사로 근무한 경험이 있으며, 현재 한국과 미국, 일본을 오가며 활발한 활동을 펼치고 있습니다. 저서로는 《중세 한국의 학자와 군사령관》, 《김부식과 삼국사기》 등이 있고, 한국 중세사와 정치에 대한 다수의 기고문을 출간했습니다.

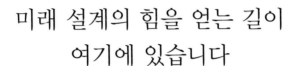

미래 설계의 힘을 얻는 길이
여기에 있습니다

　어린이가 성장하는 시기에는 스스로 미래를 설계하며 다양한 책을
접하는 경험이 필요합니다.

　어린 시절 만난 한 권의 책이 인생에 미치는 영향이 얼마나 큰지는
꿈을 이룬 사람들의 말을 통해서 알 수 있습니다. 빌 게이츠는 오늘날
자신을 만든 것은 동네의 작은 도서관이었다고 말하고, 오프라 윈프리는
어린 시절 유일한 친구는 책이었음을 고백하며 독서의 중요성에 대해
이야기합니다.

　꿈을 이룬 사람들의 공통점은 또 있습니다. 그들에게는 어린 시절,
마음속에 품은 롤 모델이 있었습니다. 여러분의 롤 모델은 누구인가요?
〈who?〉 시리즈에서는 현재 우리 어린이들이 가장 닮고 싶어하는 롤
모델을 만날 수 있습니다. 버락 오바마, 빌 게이츠, 조앤 롤링, 스티브
잡스 등 세상을 바꾼 사람들의 감동적인 이야기를 담은 〈who?〉 시리즈는
어린이들이 구체적인 목표를 설정하고 희망찬 비전을 세울 수 있도록
도와줄 친구이면서 안내자입니다. 〈who?〉 시리즈를 통하여 자신의 인생
모델을 찾고 미래 설계의 힘을 얻을 수 있습니다.

송인섭 숙명 여자 대학교 명예 교수

숙명 여자 대학교 명예 교수이자 한국영재교육학회 회장으로
자기주도학습 분야의 최고 권위자입니다. 한국교육심리연구회
회장, 한국교육평가학회장, 한국영재연구원 원장을 역임했습니다.
자기주도학습과 영재 교육의 이론을 실제 교육 현장에 적용하기 위해
노력하고 있습니다.

평생을 이끌어 줄
최고의 멘토를 만날 수 있는 책

10대에 가장 중요한 것은 무엇일까요? 학과 공부와 입시일까요? 우리나라 최초의 국제회의 통역사로 30년 동안 활동하면서 글로벌 리더들을 만날 기회가 수없이 많았던 저는 대한민국의 초등학생들에게 특별한 조언을 해 주고 싶습니다. 그것은 큰 꿈을 가지는 것이 무엇보다 중요하다는 것입니다.

꿈은 힘들고 지칠 때 나를 이끌어 주는 힘이고 내 인생의 주인이 되어 일어설 수 있게 하는 원동력이 되어 줍니다. 꿈이 있는 아이가 공부도 잘하고 결국 그 꿈을 실현할 수 있게 되는 것입니다. 저 역시 어린 시절 품었던 꿈이 지금의 자리에 있게 한 원동력이었습니다. 남들이 모르는 큰 꿈을 마음속에 간직하고 있었기에 괴롭고 힘들어도 포기하지 않고 다시 일어설 수 있었습니다.

어린 시절 저에게도 힘들고 지칠 때마다 용기를 불어넣어 주고 힘이 되어 주었던 분들이 있었습니다. 지금의 자리로 저를 이끌어 준 멘토들처럼 〈who?〉 시리즈에서 여러분의 친구이자 형제, 선생이 되어 줄 멘토를 만날 수 있기를 바랍니다.

최정화 한국 외국어 대학교 교수

우리나라 최초의 국제회의 통역사로 현재 한국 외국어 대학교 통번역대학원 교수로 재직 중입니다. 세계 무대에서 자신의 꿈을 이룬 여성 신화의 주인공으로, 역시 세계에서 꿈을 펼치려고 하는 청소년들에게 멘토로서의 역할을 충실히 하고 있습니다. 저서로는 《외국어 내 아이도 잘할 수 있다》, 《외국어를 알면 세계가 좁다》, 《국제회의 통역사 되는 길》 등이 있습니다.

마거릿 대처

- 이름: 마거릿 대처
- 생몰년: 1925~2013년
- 국적: 영국
- 직업·활동 분야: 정치인
- 주요 업적:
  영국 최초의 여성 수상

마거릿은 어려서부터 강한 의지와 신념을 가진 아이였습니다.
식료품점 둘째 딸로 태어나 어느덧 자신의 힘으로 영국에서
중요한 정치인이 된 마거릿 대처. 그녀는 위기에 빠진 영국을
어떻게 이끌어갈 수 있었을까요?

알프레드 로버츠

마거릿 대처의 아버지 알프레드 로버츠는 식료품점을 성실하게
운영하며 지역 사람들의 존경을 받았습니다. 마거릿 역시 아버지를
존경하였고, 그의 성품과 신념에 많은 영향을 받았습니다.

데니스 대처

마거릿 대처의 남편으로 평생의 후원자이자 동반자로
그녀의 곁을 지킵니다. 묵묵하게 마거릿의 정치 활동을 돕고
응원했습니다.

들어가는 말

□ 경제 위기를 맞은 영국을 강한 신념으로 이끌며 '철의 여인'이라는 별명을 얻은
마거릿 대처에 대해 알아봐요.
□ 마거릿 대처가 살았던 시대의 영국 경제 상황과 경제 정책에 대해 살펴봅시다.
□ 마거릿 대처가 정치가로서 어떤 직책을 맡았는지 살펴보고, 국회 의원, 장관,
수상은 각각 어떤 일을 하는지 생각해 볼까요?

1 식료품점 둘째 딸

1925년 10월 13일, 영국 랭커셔주의 그랜덤이란 소도시에 있는 알프레드 로버츠의 식료품점 3층에서 둘째 딸이 태어났습니다.

응애!

응애!

하하! 갓 태어났는데도 아주 영특해 보이는걸?

아빠, 아기 이름이 뭐예요?

마거릿이란다. 마거릿 힐다 로버츠.

아기의 이름은 마거릿 힐다 로버츠. 뒷날 영국 역사에 길이 남을 마거릿 대처의 어린 시절 이름입니다.

마거릿, 안녕?

마거릿과 언니는 바쁜 부모님 대신 외할머니의 보살핌을 받으며 자랐습니다.

사람은 언제나 몸과 마음을 정갈하게 가꾸어야 한단다. 특히 여자는 몸가짐을 바르게 해야 해.

할머니, 오늘도 엄마, 아빠는 바쁘실까요?

응?

다른 애들은 엄마랑 다니는데 우리는 만날 할머니랑 함께 있잖아요.

저런…….

마거릿! 아빠가 할머니께 투정 부리면 안 된다고 하셨잖아!

마거릿, 엄마와 아빠는 식료품점뿐 아니라 여러 가지 일을 하느라 아주 바쁘시단다.

네.

그렇다고 너와 뮤리엘을 사랑하지 않는 것이 아니야.

알아요. 그렇지만…….

네가 크면 식료품점에 나가 부모님을 도우면서 엄마, 아빠와 함께 있으려무나.

뮤리엘 언니처럼요?

그래.

언니, 식료품점에 나가면 재미있어?

재미로 하는 게 아니야.

네가 식료품점에 나가 보면 부모님이 얼마나 바쁘신지 알게 될 거야.

하루 종일 손님을 상대하고, 아빠는 배달도 다니잖니.

게다가 아빠는 시 의원 일까지 하시느라 정말 바쁘시다고.

시 의원? 그게 뭔데?

우리 동네 사람들을
잘 살게 하기
위해 일하는 거야.

와, 그거 엄청
좋은 일이잖아?

아주 훌륭한 일이지,
많은 사람들을 잘 살게
해 주기 위해 봉사하는
일이니까. 너희 아빠는
훌륭한 사람이란다.

훌륭한 사람이요?

그래.

마거릿 대처의 아버지 알프레드 로버츠는 가난한 집안의 장남으로 태어났습니다.
영특하고 공부를 잘했지만 가난 때문에 열세 살 때 학교를 그만두어야 했습니다.

알프레드, 미안하구나.
그렇게 공부하는 걸
좋아하는데…….

어머니, 괜찮아요!
공부는 나중에
다시 할 수 있어요.

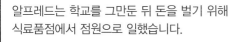
알프레드는 학교를 그만둔 뒤 돈을 벌기 위해 식료품점에서 점원으로 일했습니다.

성실했던 알프레드는 차곡차곡 돈을 모았고 결혼을 한 뒤 3층짜리 식료품점을 사서 운영하기 시작했습니다.

알프레드는 식료품점을 운영하는 틈틈이 어린 시절 중단했던 공부를 계속했고, 마거릿이 네 살 되던 해에 시 의원 선거에 나가 당선되었습니다.

마거릿의 아버지는 사업에서도, 정치에서도 성공했지만,
항상 겸손하고 성실한 자세를 잃지 않았습니다.

이거, 얼마 안 되는데
배달해 주실 수 있을까요?

그럼요. 제가 한 시간 안에
배달해 드리겠습니다.

아빠,
궁금한 게 있어요.

응,
뭔데?

왜 저희들은 자전거가
없나요? 제 친구들은
모두 자전거가 있어요.

그래요.
우리 집만 자전거가
없어요.

뮤리엘, 마거릿,
너희들에게
자전거가 꼭 필요한
물건이니?

꼭 필요한 건 아니지만,

다들 자전거가 있는 걸요.

애들아, 꼭 필요하지도 않은 물건을 사는 건 옳지 않아. 그건 낭비란다.

그럼 꼭 필요해서 사는 건 괜찮은 건가요?

그럼. 너희들에게 꼭 필요한 것이라면 사 주마.

음, 아직은 꼭 필요하지 않아요.

그래, 이젠 자전거는 필요 없는 거지?

그럼 아빠, 목욕할 때 뜨거운 물을 쓰는 것도 낭비인가요?

뜨거운 물?

다른 집은 뜨거운 물로 목욕한대요. 우리 집은 항상 미지근한 물만 쓰게 하시잖아요?

목욕은 몸을 깨끗하게 하기 위한 것이지만 사람은 몸보다 마음이 더 깨끗해야 한단다. 낭비는 마음을 오염시키는 일이야.

물을 뜨겁게 데우려면 연료를 많이 써야 한단다. 불필요한 사용도 역시 낭비야.

철저한 생활 규범과 규칙적인 생활, 자율과 자제를 원칙으로 한 아버지의 생활 태도는 마거릿에게 어린 시절부터 근면과 성실, 그리고 노력하는 자세가 몸에 밸 수 있도록 해 주었습니다.

뭐든 낭비하는 습관은 옳지 않은 거야.

나는 아버지처럼 시간도, 돈도, 노력도 낭비하지 않는 사람이 될 거야.

마거릿은 5살이 되자 그랜덤 시립 케스티븐 초등학교에 입학했습니다.

아빠, 저도 초등학생이 되었으니 뮤리엘 언니처럼 방과 후에 식료품점 일을 돕고 싶어요.

흠, 그것도 좋은 생각이긴 하지만 집안일을 돕는다는 핑계로 학업을 소홀히 하면 안 된다.

걱정하지 마세요.

자신 있다면 그렇게 하려무나.

학교 공부와 식료품점 일손을 돕는 바쁜 나날이었지만, 마거릿은 주말마다 도서관에 책을 빌리러 갔습니다.

응, 거기 탁자 위에 책 목록을 적어 둔 메모지가 있단다.

아빠, 저 도서관에 갈 건데 부탁하실 책이 있으세요?

지난주에 빌려 온 책 벌써 다 읽었어?

응, 내가 빌린 책 다 읽고 아빠 책도 읽었는걸!

아빠 책까지? 그거 어렵지 않아?

어렵긴 한데 재밌어.

어려운데 재밌어? 그런 말이 어디 있어?

무슨 뜻인지 이해하기는 힘들지만 하여튼 재밌어.

이해하기 힘든 건 바로 너야, 호호.

정치 활동을 하던 아버지는 어린 시절 배우지 못했던 지식을 채우기 위해 끝없이 공부했습니다. 그런 아버지를 보며 마거릿도 자연스럽게 책을 좋아하게 되었습니다.

마거릿, 아직 안 자니?

네, 아빠. 이것만 읽고 자려고요.

아니, 이건 아빠 책인데?

이건 정치 역사 책이라 너한테는 어려울 텐데?

네, 제가 빌린 책은 다 읽었거든요.

사실 무슨 말인지 모르는 부분이 많아요.

그래? 이해하기 힘든 부분이 어딘데?

여기, 영국의 복지에 관한 부분이요.

음.

아버지는 어린 마거릿이 이해하지 못하는 정치에 대한 이야기를 쉽게 설명해 주기도 하고, 그 안에 숨은 뜻을 알려 주기도 했습니다.

복지란 사람들이 모두 행복하게 살 수 있도록 나라에서 여러 가지 제도를 만드는 거란다.

아주 좋은 정책이지만 잘못하면 사람들이 아무 일도 하지 않고 이 정책의 도움을 받으려고만 할 수도 있어.

그러는 사이 마거릿은 자신도 모르게 아버지의 정치적 신념을 이어받게 되었습니다.

성실하게 노력한 사람이 잘사는 나라가 되어야 한다는 말씀이죠?

그렇지. 그런 사회가 바른 사회란다.

항상 책을 많이 읽었던 마거릿은 초등학교 시절 내내 1등을 놓치지 않았습니다. 대회나 시험에 대한 열정도 대단했는데, 아홉 살 때 시 경연 대회에 나가 우승했던 적도 있었습니다.

마거릿, 운 좋게 상을 받게 되었구나.

네?

교장 선생님, 저는 운이 좋은 것이 아니라 받을 자격이 있어서 상을 받은 것입니다!

뭐?

저는 이 대회를 최선을 다해 준비했어요. 운이 좋았던 것이 아니고 제 노력의 결과라고 생각합니다.

그, 그래. 선생님이 잘 모르고 네 노력을 무시하고 말았구나. 미안하다.

네.

마거릿은 자신이 이 대회를 위해 준비한 노력을 몰라주는 것이 싫었습니다. 노력하는 만큼 얻는다는 것은 마거릿이 어릴 적부터 가지고 있던 신념이었습니다.

운을 바라는 사람은 노력하지 않는 사람이야!

난 열심히 노력했고, 이 상은 내 노력의 대가야!

열 살이 된 마거릿은 언니 뮤리엘이 다니는 케스티븐 여학교에 진학했습니다.

케스티븐은 명문 학교라 우수한 학생들이 많이 다녀. 마거릿도 더 열심히 공부해야 할 거야.

당연하지. 나도 여기서 열심히 공부할 거야.

한편, 지방 의회 의원으로 활동하던 아버지는 기회가 있을 때마다 어린 마거릿을 데리고 다녔습니다.

오늘 연설 어땠니?

정치란 정말 멋진 일 같아요. 국민들의 생각을 대변해 주고, 국민들을 위해 일하는 거잖아요.

저도 아버지처럼 국민들을 위해 일하는 사람이 되고 싶어요!

그래? 그렇다면 이번 선거 현장을 직접 경험해 보는 건 어떨까?

네? 현장을요?

그래. 아빠가 지지하는 빅터 워렌더 의원의 선거 운동을 네가 도와주겠니?

제가 도울 수 있어요?

그래, 당 임원들이 지지율을 예상할 수 있도록 도와주는 일이야.

그런 걸 제가 어떻게 해요?

크게 어려운 일이 아니란다. 선거 본부 밖에 있는 게시판과 당 위원회실 사이를 오가며 결과를 전달하면 돼.

그럼 개표 결과가 나올 때까지 계속 왔다 갔다 하는 거네요?

그래, 개표가 끝나야 선거가 끝나는 거니까.

알겠어요. 해 볼게요.

우리 딸이 얼마나 잘해 줄지 기대해 보마.

이 일을 통해 마거릿은 처음으로 정치 현장을 경험해 보게 되었습니다.

열 살짜리 소녀가 하기엔 벅찬 일이었지만, 마거릿은 훌륭하게 해냈습니다.

아주 잘했다. 마거릿. 기대 이상이었어.

이번 일로 선거가 어떤 건지 조금 더 알게 된 것 같아요.

아버지는 이후에도 기회가 될 때마다 마거릿을 정치 현장에 데리고 다녔습니다.

마거릿이 10대였던 1930년대의 세계는 몹시 불안정한 상태였습니다.
독일의 독재자 히틀러가 세계의 평화를 위협하고 있었기 때문이었습니다.

마거릿, 거실로
나와 보아라.

네!

……

누구지?

이리 와서
인사하렴.

여기는 에디스.
오스트리아에서 왔단다.
지난주에 아빠가
얘기했었지?

네, 언니랑 *펜팔
하는 친구 맞죠?

맞아.

*펜팔: 편지를 주고받으며 사귀는 벗

한동안 같이
지낼 테니 너희가
잘 돌봐 주거라.

반가워, 에디스 언니.
친하게 지내자.

응.
고마워.

에디스는 뮤리엘과 펜팔을 하던 유대인 소녀였습니다.
오스트리아에 살던 에디스는 히틀러가 오스트리아를
침략하자 마거릿의 집으로 피신을 온 것입니다.

오스트리아에 계신
부모님께서 은혜는
꼭 갚으시겠다고
약속하셨어요.

은혜라니, 어려움에
처한 친구를 돕는 것은
당연한 거야. 아무 걱정
말고 편하게 지내렴.

히틀러는 이 세상의
모든 유대인을
없애려고 하고 있어.

마거릿 대처의 성공 열쇠

어린 시절의 마거릿 대처

마거릿 대처는 영국 소도시의 평범한 가정에서
태어났습니다. 당시는 아직 신분의 차이가 남아 있었고,
특히 여성들에 대한 차별이 심했던 시대였답니다. 그런
시대에 마거릿 대처는 당당하게 편견과 맞서 정치인이
되었고, 영국 최초의 여성 수상이 되었습니다.
그럼 지금부터 마거릿 힐다 로버츠라는 평범한 소녀가
'철의 여인' 마거릿 대처 수상이 될 수 있었던 성공 열쇠를
알아볼까요?

하나 ⟨ 평생의 스승 아버지

마거릿의 아버지 알프레드 로버츠는 가난한 구두
수선공의 아들로 태어났습니다. 당시 장남은 집안의 가업을
이어받는 것이 일반적이었지만 알프레드는 시력이 나빠 구두
수선공이 될 수 없었습니다. 게다가 집안이 가난해
공부를 계속할 수도 없었어요. 그는 결국 열세 살
때 학업을 중단하고 식료품 가게의 점원으로 일하기
시작했습니다.
알프레드는 성실하게 일해 곧 가게 주인의 인정을
받게 되었어요. 그리고 결혼하면서 자신의 식료품점을
마련했답니다.
이렇게 성실한 알프레드는 마거릿을 낳고 난 뒤
경제적으로도 풍요로워지자 정치를 시작했습니다.
식료품점을 하며 좋은 평판을 얻었던 데에다 훌륭한 연설
솜씨를 가지고 있었기 때문에 시 의원에 당선되었지요.
알프레드는 식료품점 일과 정치, 종교 활동 등 바쁜 생활
중에도 공부에 소홀하지 않았습니다.

마거릿 대처는 영국 최초로 여성 수상의 자리에
올랐습니다.

어린 시절 가난으로 학업을 계속할 수 없었고, 정치를
하려면 많은 공부가 필요하다는 것을 잘 알고 있었기
때문입니다.

마거릿은 아주 어린 시절부터 아버지의 이런
성실하고 신념에 찬 생활 태도를 자연스럽게 배우고
물려받았습니다. 알프레드는 영특하고 정치에
관심이 많았던 마거릿을 정치 일선에 데리고 다니며
함께 토론하고, 함께 생각하며 마거릿에게 정치에 대한
모든 것을 가르쳐 주었습니다.

마거릿이 어린 시절부터 정치에 대한 감각을
깨우칠 수 있었던 것은 이런 아버지의
영향입니다. 마거릿은 인생의 문제나 고민
같은 것들을 항상 아버지와 상의했고, 아버지는
마거릿이 스스로 생각해 문제를 해결할 수 있도록
조언해 주었답니다. 마거릿과 아버지는 사이
좋은 부녀 관계이자 스승과 제자 같은 사이이기도
했습니다.

마거릿 대처가 태어난 집 © Thovaldsson

마거릿 대처가 나고 자란 소도시 그랜덤. 이곳의 보수적인 환
경은 마거릿의 정치적 신념에도 영향을 주었습니다.
© David JohnsonThovaldsson

who? 지식사전

마거릿 대처가 남긴 말들

• 아버지는 내가 믿는 바가 무엇인지를 먼저 알고 난 다음, 그 믿음을 실천에 옮기라고 항상 가르쳐 주셨습니다. 또한 중요한
일은 타협을 해서는 안 된다고 하셨습니다.

• 국가의 살림살이는 어째서 적자를 면하지 못하고 있습니까? 많은 현명한 주부들은 가정의 수입 범위 안에서 늘 알맞게
지출을 해 나가고 있습니다. 이처럼 가정주부들도 잘 해내는 일을 왜 정부가 하지 못한다는 말입니까?

• 대중의 뜻에 따르는 것은 좋지 못합니다. 지도자라면 무엇을 할 것인가를 명확하게 보여야 하고 그러면 국민들은 따라오게
됩니다.

둘 강한 자신감과 집념

마거릿은 9살 때 시 경연 대회에 나가 상을 받았습니다. '운'이 좋은 아이라는 교장 선생님의 칭찬에 자신은 이 대회를 위해 충분히 '노력'했으므로 상을 받을 자격이 충분하다고 말했을 만큼 자신의 행동에 자신감이 있었어요.

대학 진학을 앞두었을 때도 마찬가지였습니다. 영국 명문 학교인 옥스퍼드 대학에 가려면 일정 수준의 라틴어 능력이 필요했습니다. 마거릿은 라틴어를 배운 적이 없었기 때문에 선생님은 다른 학교를 추천했지만, 마거릿은 피나는 노력 끝에 짧은 시간 안에 라틴어를 공부해서 옥스퍼드 대학에 합격할 수 있었습니다.

마거릿 대처가 다닌 옥스퍼드 대학교 ⓒ Diliff

어른이 되어서는 연이어 떨어진 선거에서 패배의 원인을 분석하고 노력해 도전을 거듭한 결과 국회 의원에 당선되었습니다. 막연하던 꿈을 구체적으로 세우고 국회 의원에 도전한 지 꼭 10년만의 결과였어요.

국회 의원이 된 뒤에도 이런 마거릿의 신념과 자신감, 추진력은 변하지 않았습니다. 의회의 유일한 여성 의원이었지만 정부의 요직을 두루 맡아가며 실무를 익혔고, 결코 타협하지 않는 자신만의 정책들을 만들어 나갔습니다. 이런 활약으로 마거릿은 보수당이 위기에 처했을 때 보수당의 당 대표가 되어 총선에서 승리했고, 결국 영국 수상의 자리에까지 오르게 되었습니다. 지도자가 된 뒤에도 인기에 타협하지 않고, 나라와 국민들을 위한 신념을 펼친 결과, 영국 경제의 독이라고 불리던 '영국병'을 치유하고 영국의 경제를 살려 낼 수 있었습니다.

수상 시절의 마거릿 대처

평생의 동반자 데니스 대처

마거릿 대처의 강한 자신감과 집념은 때로 다른 사람들에게
자만이나 고집으로 보였습니다. 이 때문에 외로울 수밖에
없었던 마거릿의 곁을 지킨 사람이 바로 남편 데니스
대처였답니다.

마거릿이 결혼할 당시 여자들은 결혼하면 하던 일도
그만두고 가정을 돌보는 것이 당연시되었습니다. 하지만
마거릿의 남편 데니스 대처는 마거릿의 정치 활동을
후원하고 응원해 주었습니다.

데니스는 1979년 5월부터 1990년 11월까지 아내 마거릿이
영국 수상으로 재임하는 동안 조용히 아내의 뒤를 따르며
주변 사람들을 챙기거나, 마거릿이 힘들어 할 때면 그녀를
위로해 주었습니다.

이런 데니스를 두고 마거릿은 사람들에게 이렇게 말하곤
했습니다. "사람들이 그를 존경한다고 생각합니다. 저
역시 그를 존경합니다."

마거릿이 정치에 성공적으로 입문하고, 훌륭한
정치인으로 활동할 수 있었던 것은 바로 이러한 데니스의
사랑과 도움 덕분이었다고 할 수 있습니다.

마거릿 대처와 남편 데니스 대처(왼쪽부터 세 번째)

who? 지식사전

마거릿 대처에게 영향을 준 감리교

마거릿의 가족은 모두 감리교 신자였습니다. 감리교는 자성, 자율, 자제를 원칙으로 하는
기독교의 한 종파입니다. 감리교인들은 성경과 신학을 연구하고 가난한 사람, 병자, 감옥에
있는 죄수들의 전도에 많은 힘을 쏟아붓습니다.
마거릿이 어린 시절부터 자연스럽게 성실함과 근면, 노력하는 생활을 익힌 것도, 강한
신념과 함께 약자에 대한 배려가 몸에 밴 것도 모두 이 감리교의 교리를 실천하는
부모님으로부터 자연스럽게 보고 배운 덕분이었답니다.

감리교를 시작한 영국의 기독교
성직자 존 웨슬리

2 옥스퍼드의 신입생

우등생들만 모였다는 케스티븐 여학교에서도 마거릿은 우수한 성적을 유지했습니다.

이번에도 마거릿이 1등을 했구나.

재밌다, 애.

어머나!

얘들아, 무슨 얘기를 그렇게 재미있게 하니?

아……

수업 시작하겠다. 가자.

그래.

얘들아, 잠깐!

응?

내가 너희에게 뭐 잘못한 거라도 있니? 아님 실수라도…….

잘못한 거? 그런 거 없어.

천하의 마거릿이 실수라니, 그럴 리 없잖아?

그럼 왜 그래? 계속 날 피하고, 즐겁게 얘기하다가도 내가 오면 대화가 끊기고.

뭐, 네가 그렇게 말하니까 하는 말인데…….

솔직히 너하고 얘기하는 게 불편해.

불편하다니?
왜?

너하고는 공통된
화제가 없잖아?

넌 옷이나 액세서리,
유행에 관심도 없고.

수업 끝나고 영화를 보거나
친구들과 어울리는 일이
한 번도 없었잖아?

친구들 생일 파티나 핼러윈
파티는 둘째치고, 학교에서
주최하는 파티에조차
참석한 적이 없지?

그러니 너하곤
할 얘기가 없어.
도무지 재미가
없다고.

아무리
학생이라도 매일
공부 얘기만 할 수는
없잖아?

그리고 솔직히, 논쟁을
좋아하는 너하고는
얘기를 시작하고
싶지도 않아!

애, 애들아.
그건…….

우리랑 어울리고 싶으면
좀 평범해지렴.

그게 가능하면
말이지. 호호호.

마거릿은 나름대로 열심히 학교생활을 했지만,
어느 순간 친구가 한 명도 없이 따돌림을 당하고
있다는 사실을 알고 큰 충격을 받았습니다.

그러고 보니
학교가 끝나면
일을 했지. 친구들과
제대로 얘기를 해
본 적도 없어.

내가 따돌림당하고 있다는
사실조차 이제야 알다니!

아빠!

오, 마거릿.
들어오너라.

이제부터는 저도
친구들의 파티에
가 볼까 해요.

파티에?
갑자기 왜?

지금까지는 특별히 관심도 없고 저도 내키지 않아서 파티 같은 곳엔 가지 않았는데요.

그러다 보니 친구들과 대화가 안 통해요. 이대로 있다간 정말 친구 한 명도 없이 졸업하게 될 것 같아요.

단지 친구를 사귀지 못할까 봐 두려워서 좋아하지도 않는 파티에 가겠다는 거냐?

아빠, 친구를 사귀는 것도 중요한 일이라고 하셨잖아요?

물론 중요하지. 하지만 친구를 사귈 때에도 네 소신을 지켜야 하는 거야.

파티에 가면 너의 마음을 진정으로 알아줄 친구를 만날 수 있겠니?

글쎄요. 솔직히 파티에 가기는 싫어요. 친구들이 즐거워하는 이야기가 저한테는 재미없어요.

그런데도 파티에 참석해서 그 아이들과 친구가 되고 싶은 거니? 넌 하나도 즐겁지 않은데?

아!

언제 어디서든 네가 할 일은 네 스스로 결정해야 하는 거야. 친구를 사귀는 것도 마찬가지야.

네 신념을 버리지 않고 만날 수 있는 친구를 기다리는 것도 하나의 선택이 될 수 있어.

하지만 네가 꼭 해 보고 싶다면 말리지는 않으마.

아니에요. 아빠 말씀이 맞아요.

제 생각이 틀렸어요. 서로를 있는 그대로 인정하고 진심으로 사귈 수 있는 친구를 기다릴래요.

어차피 이젠 대학을
목표로 더 열심히
공부할 때잖아요?

열심히 공부해 대학에 가서
진정으로 마음이 맞는
친구를 찾을래요.

네가 그렇게
말해 주니 아버지
마음이 편해지는구나.
현명한 판단이야.

제가 바보 같은
고민을 했나 봐요.

아니다. 사춘기
때는 누구나 할 수
있는 고민이야.

아버지와의 대화 이후 마거릿은 본격적인 대입 준비에 들어갔습니다.

중요한
시기에 괜한 고민으로
시간을 낭비했어.

낭비한 시간보다
더 많이 공부해야 해.

마거릿, 요즘 대입 준비로
도서관에 살다시피 한다지?

네, 교장 선생님.
준비해야 할 것이
많아서요.

너야 워낙 성적이
우수하니 웬만한
대학엔 무난하게
갈 텐데 어딜 지망할
생각이니?

제 목표는 옥스퍼드
서머빌 칼리지에
장학생으로 입학하는
거예요.

옥스퍼드?
그것도 장학생으로?

왜 그렇게 놀라세요?

아, 미안하다, 마거릿.
그런데 그 목표
다시 생각해 보면
어떻겠니?

그게 무슨
말씀이세요?

네가 옥스퍼드에 가고 싶은 마음은 이해해. 넌 충분히 똑똑한 학생이니까. 하지만 옥스퍼드는 너무 힘들어.

제가 너무 높은 목표를 잡았다는 말씀인가요?

그래, 옥스퍼드는 대학 입학 자격시험뿐 아니라 그리스어와 라틴어도 준비해야 하는데,

넌 그 공부를 전혀 못 했잖니? 무리하게 욕심내지 말고 네가 무난하게 갈 수 있는 대학으로 마음을 바꾸는 게 어떻겠니?

아뇨. 전 이미 결정했어요.

마거릿!

조금 늦었는지는 모르겠지만 아직 끝난 것은 아니잖아요?

상담 감사합니다.

아, 그래.

남은 기간 동안 제 모든 열정을
쏟는다면 절대 불가능한 일이
아니에요.

노력해서 안 되는
일은 없어!

두고 봐!
난 절대 후회할 선택은
하지 않아!

아버지의 격려도 마거릿에게는 큰 힘이 되어 주었습니다.
마거릿은 그야말로 후회하지 않을 만큼 열정을 쏟아부어
공부에 매진했습니다.

아버지는 전적으로
네 결정을 지지한다.
필요한 건 뭐든 도와줄 테니
넌 최선을 다하거라.

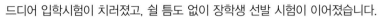
드디어 입학시험이 치러졌고, 쉴 틈도 없이 장학생 선발 시험이 이어졌습니다.

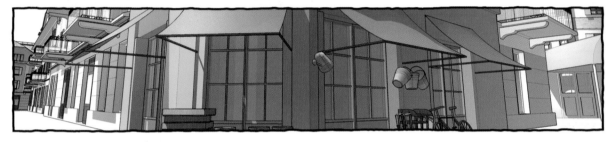

다녀왔습니다.

오, 마거릿.
시험은 잘 봤니?

네.

표정이 왜 그러니?
시험이 어려웠니?

아니요. 어쩐지 힘이 없어요. 기분도 이상하고.

네가 준비했던 모든 걸 충분히 쏟아 낸 모양이구나?

결과가 어떻게 될지는 확신할 수 없지만, 조금의 후회도 남지 않을 만큼 최선을 다했어요.

그래, 이제 푹 쉬며 결과를 기다리면 되는 거야.

제 노력이 보상받을 수 있을까요?

최선을 다했다면 결과도 편하게 기다려라. 어떤 형태로든 노력에 대한 답은 있게 마련이야.

네, 알겠어요.

며칠 뒤, 드디어 마거릿에게 시험 결과가 전해졌습니다.

아!

왜 그러니 마거릿?

결과가 좋지 않니?

너무 실망하지 마. 넌 최선을 다했잖아?

옥스퍼드 대학 입학 허가서예요. 저 합격했대요.

하하! 해냈구나. 마거릿.

합격? 진짜?

대단해, 마거릿! 축하해.

고마워요.

그렇게 원하던 대학에 합격했는데 표정이 왜 그러니?

장학생에 뽑히는 데는 실패했어요. 합격만 한 거예요.

이런.

마거릿, 옥스퍼드에 합격한 것만 해도 정말 대단한 일이야.

그럼! 옥스퍼드라니. 학교에선 누구도 네가 합격할 거라고 생각하지 못했어.

네 마음은 이해한다. 하지만 합격한 것만으로도 충분히 잘한 거란다.

그럴까요?

그럼. 옥스퍼드에 들어가기 위해 몇 년씩 공부하는 사람들도 있잖니.

그래, 마거릿. 넌 정말 대단한 일을 해낸 거야. 네가 자랑스러워.

고마워, 언니.

이런! 이제야 우리 마거릿이 웃네.

마거릿은 너무 완벽주의자라니까.

대학에 가면 좀 부드러워지렴!

호호, 알겠어요.

마거릿은 장학생이 되지 못한 것이 못내 아쉬웠습니다.
옥스퍼드에 가려면 학비가 많이 들어 부모님께 부담이 되기 때문입니다.
그러던 어느 날, 마거릿은 교장 선생님께 뜻밖의 제의를 받게 되었습니다.

네? 제가 화학을 전공하면 장학금을 받을 수 있다고요?

그래, 장학 단체에서 그런 제의가 들어왔구나. 아직 전공을 정하지 않았으면 화학을 전공해 보면 어떻겠니?

부모님께서 학비를 대 주시겠지만, 기숙사 생활을 하게 되면 들어가는 돈이 많을 거야.

그래서 저는 아르바이트를 하면서 다닐 생각이었어요.

장학금을 받으면 아르바이트하는 것보다 학업에 집중할 수 있지 않을까?

네, 선생님 말씀이 맞아요. 화학을 전공하겠어요.

좋아하는 공부도 하고 장학금도 받을 수 있다니! 정말 잘된 일이야.

드디어 옥스퍼드에 입학하던 날, 마거릿의 심장은 터질 듯이 뛰고 있었습니다.

옥스퍼드. 케임브리지와 함께 영국을 대표하는 세계적인 대학.

세계 각지의 우수한 인재들이 모인 이곳에서 내가 공부하게 되다니!

하지만 옥스퍼드의 생활은 마거릿의 기대와는 많이 달랐습니다. 영국의 우수한 인재들이 모이긴 했지만 대부분 부유층 자녀들이었고, 특히 여학생들은 아직 보수적인 성향이 강해 사회 진출보다는 사교적인 문제에 더욱 관심이 많았습니다.

호호호, 정말 좋겠다.

부러워!

얘들아, 무슨 얘기해?

어제 오월 파티가 있었잖아. 4학년 필립 선배가 다이애나에게 사귀자고 했대.

정말 멋지지 않니?

필립 선배?

마거릿, 너 필립을 몰라? 대대로 상원 의원을 지낸 명문가 중의 명문가 자제잖아!

옥스퍼드 최고의 신랑감 필립을 모르다니!

필립의 마음을 잡았으니 다이애나는 이제 신데렐라가 된 거야!

어머, 애들아! 그냥 데이트 신청을 받은 건데, 너무 앞서간다!

그게 그거지!

필립이 첫눈에 반했다잖아.

너무 겸손한 것도 얄미워! 호호.

애들아, 이제 본격적으로 전공 수업 준비에 들어갈 때인데……

뜬금없이 웬 수업?

너 지금 우리 얘길 무시하는 거니?

한참 재미있었는데.

아니, 내 말은 어렵게 공부해서 입학했는데 사랑도 좋지만 우리의 꿈을 위해서……

그래, 우리 꿈! 좋은 집안 자제를 만나 시집 잘 가는 게 꿈이야.

그걸 위해 열심히 공부해서 수재들이 모이는 옥스퍼드에 들어온 거라고!

다이애나는 벌써 그 꿈에 한발 먼저 다가간 거야.

말도 안 돼.
시집 잘 가는 것이
꿈이라니!

우린 영국 최고의
*엘리트들이잖아?
우리가 해야 할 나라의
중요한 일들이 얼마나
많은데.

얘 뭐라는 거니?

여자가 공부하는 건
내조를 잘해서
남편을 성공시키고,
자식들을 잘 기르기
위한 과정이야.

나라의 중요한
일은 남자들의
일이야!

마거릿,
너와는 대화가
안 통해.

그만해!

하지만
우리는
......

쟤 뭐니?
정말 짜증난다.

옥스퍼드에
여전사
나셨나 봐~

그리고 보니
마거릿은
입학하고 한 번도
파티에 안 왔지?

여자가
나랏일이래!

*엘리트: 사회에서 뛰어난 능력이 있다고 인정한 사람

영국 최고의 엘리트들만 모인다는 옥스퍼드인데! 이곳은 다를 줄 알았어.

하지만 케스티븐 아이들과 다를 것이 없잖아!

여학교 시절 파티 한 번 참석한 적이 없었던 마거릿은 옥스퍼드 학생들의 화려하고 유쾌한 분위기에 어울리지 못했습니다.

어머! 부럽다. 호호호.

이번 축제 때 입을 드레스를 맞췄어.

얘들아! 다음 실험에 대해 미리 계획을……

나중에~

너 혼자 하든지!

잘못된 건 저 아이들이 아니라 내가 아닐까?

내가 아무리 내 신념을
지킨다고 해도 아무도 그것을
인정해 주지 않는다면?
괴연 그 신념을 지켜 내는 것이
의미가 있을까?

다수가 옳다고
생각하는 대로 행동하는 게
모두를 행복하게 하는
길일지도 몰라.

마거릿은 혼란스러웠습니다. 자신의 꿈을 이루고, 마음이 맞는 친구들을 만날 수 있을 거란 기대는
깨어지고 말았습니다. 마거릿의 신념은 당시의 친구들과는 많이 달랐기 때문이었습니다.

옥스퍼드에 오면
모든 고민이 사라질 줄
알았는데.

나와 같은
생각을 하는 친구들이
있을 줄 알았어. 내 마음을
알아주는 진정한 친구도
사귀고.

마거릿은 점점 움츠러들었고, 기숙사 자신의 방에 틀어박혀 고향을 그리워하는 날이 많아졌습니다.

아무리 똑똑한 여자라도
사교적이지 않으면
인정받을 수 없는 건가?

가족들이 옆에 있었다면
이 고민을 함께할 수
있었을 텐데.

그렇게 마거릿은 꿈에 그리던 옥스퍼드에서 오히려 절망을 느끼며 힘겨운 날들을 보내고 있었습니다.

그러던 어느 날.

저 우울하고
생기 없는
모습이 나라고?

이게 그토록 원하던
옥스퍼드에 들어온
내 모습이란 말이야?

말도 안 돼!
정신 차려, 마거릿!

난 파티에나 다니고 좋은
집안에 시집가기 위해
그렇게 열심히 공부해서
옥스퍼드에 들어온 것이
아니야!

난 이곳에서 최고의 교육을 받아, 아버지처럼 보통 사람들을 위해 일할 거야.

저들과는 상관없이 나만의 공부를 하고, 나의 꿈을 위해 다시 시작할 거야!

한동안 옥스퍼드의 낯선 분위기에 위축되어 있던 마거릿은 스스로 그 틀을 깨고 나왔습니다. 그리고 다시 당당하고 자신만만하던 마거릿 힐다 로버츠로 돌아와 본격적인 옥스퍼드 생활을 시작했습니다.

단지 친구들과 어울리지 못한다고 좌절하고 우울해하는 건 나 마거릿에게 어울리지 않아!

누구의 말에도 흔들리지 않고 난 내 소신대로 살아갈 거야! 그게 바로 나, 마거릿 힐다 로버츠니까!

영국의 정치 체계

하나 〉 영국의 정치 제도

영국은 왕족과 귀족 계급이 지금도 남아 있는 나라입니다. 현재 영국의 국왕은 찰스 3세이며 왕비와 황태자, 황태자비 등 왕족들이 존재합니다.

하지만 영국은 실제적인 정치는 정치인들이 하는 입헌 군주제 국가랍니다. 왕실은 상징적인 존재이며 정치적 결정은 의회의 의원들이 내리고 있습니다. 국민들이 뽑은 하원 의원들이 가장 강력한 권한을 행사하며, 상원 의원들이 하원 의원들의 의견을 수렴하고 인준하는 형식으로 구성되어 있습니다.

수상(총리)은 영국 정부의 최고 수장입니다. 수상은 정권을 잡은 여당의 당 대표로 내각을 이끌고 각료들을 임명하며, 왕에게 정부의 업무를 보고하는 역할을 합니다.

수상의 관저는 런던 다우닝가 10번지에 있어 '다우닝가 10번지'라고 불리기도 합니다.

총선은 군주가 선언하거나 5년 기한이 차서 의회가 해산된 뒤에 실시됩니다. 총선에서 가장 많은 의석을 얻은 정당, 또는 하원에서 과반수의 지지를 얻은 정당의 지도자가 대개 수상의 자리에 오릅니다.

찰스 3세는 2022년 즉위했습니다

who? 지식사전

버킹엄 궁전의 전경

버킹엄 궁전

버킹엄 궁전은 영국 런던의 웨스트민스터에 있는 왕궁으로 빅토리아 여왕 시대부터 역대 왕 또는 여왕이 상주하는 궁전입니다. 왕정의 사무실과 주거지로 쓰이고 있으며 엄청난 크기를 자랑하는 호수와 대공원, 미술관과 도서관 등으로 이루어져 있습니다. 전통 복장을 한 근위병들이 궁전을 경호하고 있는데 매일 있는 근위병 교대식은 버킹엄 궁전의 관광 명물입니다.

둘 영국의 의회 제도

영국의 의회는 상원과 하원으로 구성된 양원제입니다.
양원제는 영국뿐 아니라 미국을 비롯해 많은 서구 나라들이
채택하고 있는 정치 형태입니다. 하지만 선출 방식이나
권한 등 세부적인 상황은 나라마다 조금씩 차이가
있습니다. 예를 들면 미국에서는 상원의 힘이 강한데
비해 영국에서는 하원의 힘이 더 강합니다. 영국의 경우,
상원은 귀족이나 사회에서 명망이 높은 이들로 구성되어
있습니다. 대개 작위를 세습하거나 나라에 크게 기여한
공로를 인정받아 국왕이 귀족으로 임명한 사람들이지요.
반대로 하원은 우리나라 국회 의원들처럼 국민의 투표에
의해 선출됩니다.

17세기 영국 상원의 모습을 그린 그림

영국은 대통령제가 아니라 의원 내각제이기 때문에 선거를
통해 뽑힌 하원 의원의 수가 더 많은 당이 내각을
구성합니다. 다수당이 여당이 되며, 여당의 지도자는
수상이 되는 형식이지요.
다수당(여당)의 주요 의원들은 장관을 겸하게 됩니다.
수상이 임명하는 이 장관들은 아무나 마음 내키는 대로
지명하는 것은 아닙니다. 하원 의원들은 여당이 되기 전,
야당 시절부터 장관이 될 사람을 미리 정해 놓고 자신의
역할을 학습합니다. 따라서 정권이 하루아침에 바뀌더라도
의회는 큰 혼란을 겪진 않습니다. 야당이었던 시절부터
장관의 임무를 충분히 학습하고 공부해 왔기 때문이지요.
그래서 국회 의원으로 뽑혔다고 해서 나태할 수도 없고,
끊임없이 공부해야 하는 곳이 바로 영국의 의회 제도랍니다.
영국의 국회 의사당은 웨스트민스터 궁전에 있으며 국회
의사당을 상징하는 시계탑 '빅벤'도 이곳에 있습니다.

영국 하원 ⓒ Montrealais

셋 영국의 정당 정치

영국에는 여러 정당이 있지만, 그중 중심이 되는 두 정당은
노동당과 보수당입니다. 20세기 내내 두 정당이 권력을
번갈아 잡으며 영국을 이끌어 왔습니다. 노동당은
대체로 노동자를 비롯해 형편이 어려운 사람들 편에
서서 정책을 펼쳐 왔으며, 보수당은 중산층 편에
서서 정책을 폅니다. 그러다 보니 두 당이 추진하는
정책이나 지지하는 세력의 성격에는 차이가 있습니다.
세금과 관련한 정책으로 예를 들면 노동당은
대체적으로 가난하고 어려운 사람을 위해 세금을 더
거둬 복지를 확대하고자 합니다. 실업자가 있으면
다른 직업을 구할 때까지 필요한 수당을 주고 취업
훈련을 지원하지요. 반면 보수당은 복지를 줄이는
대신 세금을 적게 거두면, 회사를 경영하는 사람들의
의욕을 높이고 이를 통해 경제가 살아나 일자리가
늘어날 것이라고 주장합니다.

영국의 국회 의사당 웨스트민스터 궁전

나라마다 상황이 다르므로 어느 정당의 생각이 더
좋다고 판단할 수는 없습니다. 영국의 노동당이나
보수당 역시 모두 비교적 열린 자세를 갖고 필요하다고
생각하는 의견은 수용하고자 하지요. 국민도 나라의
경제 상황이나 국제 관계에 따라 선거를 통해 보수당과
노동당을 번갈아 지지해 왔습니다.

넷 국회 의사당

영국 런던 템스 강변에는 멀리서도 한눈에 보이는 거대한
시계탑이 있습니다. 시계탑을 '빅벤'이라고 불렀는데
2012년 엘리자베스 2세 즉위 60년을 기념해 빅벤이라는
이름 대신 엘리자베스 타워로 이름을 바꾸게 되었습니다.

윈스턴 처칠은 마거릿 대처가 보수당 활동을 시작했을
당시 보수당의 당 대표이자 영국의 수상이었습니다.

사람들에게 시간의 중요함과 성실함을 강조하는 듯한 이
시계탑과 함께 있는 건물이 바로 영국의 국회 의사당이랍니다.
영국의 정치인들인 상원과 하원 의원들은 국회가 시작되면
이곳에 모여 정책을 토론하고, 나라를 바르게 이끌기 위한
회의를 합니다.
이곳은 원래 11세기 경 세워진 웨스트민스터 궁전이었습니다.
그러다 16세기에 들어서면서 의회가 열리는 곳으로
사용되기 시작했습니다. 현재의 모습은 19세기 중반 완성된
것이랍니다.
상원에는 영국 왕실을 상징하는 진홍색 소파가 있습니다. 남쪽
끝에는 왕이 앉는 자리가 있으며, 벽에는 영국 헌법의 근거가
된 최초의 문서 마그나 카르타에 서명한 귀족 18명의 흉상이
있습니다.
하원에는 초록색의 긴 소파가 있고, 가운데가 의장석입니다.
양탄자는 초록색이며, 붉은 선이 좌우로 그어져 있는데,
회의가 진행 중일 때는 이 선을 넘으면 안 된다고 합니다.

영국 국회 의사당 시계탑 빅벤의 정식
명칭은 엘리자베스 타워입니다.
© Diliff

who? 지식사전

영국의 여성 지도자

영국은 왕이 지배하는 왕정 국가였습니다. 영국의 역사를 살펴보면 여왕 군주가
여럿인데, 뛰어난 리더십으로 훌륭한 업적을 남긴 여왕들이 있습니다. 바로
엘리자베스 1세와 빅토리아 여왕입니다.
엘리자베스 1세 여왕은 왕이 절대적인 권력을 잡고 국민을 지배하는 절대
왕정의 전성기를 누린 여왕입니다. 에스파냐의 무적함대를 격파하여 영국이 작은
섬나라에서 대영 제국으로 성장할 기초를 닦았습니다.
빅토리아 여왕은 19세기 후반 가장 전성기였던 영국을 통치했습니다. 당시 영국은
아시아, 아프리카, 아메리카 등 전 세계에 식민지를 세워 '해가 지지 않는 나라'라고
불렸습니다.

엘리자베스 1세 여왕

3 마거릿의 첫 도전

마거릿은 마음을 다잡은 뒤부터 아침 일찍 학교에 나가 하루 종일 실험에 열중하며 더욱 열심히 공부했습니다.

옥스퍼드에는 영국뿐 아니라 세계의 인재들이 모여 있어.

그들에게 뒤지지 않으려면 두 배, 세 배 노력해야 해!

마거릿은 마음의 중심을 잡고, 씩씩하게 학교생활을 해 나갔습니다.

애들아, 이번에 정부에서 발표한 새로운 법안 말이야.

새로운 법안?

뜬금없이 웬 법?

너희는 정치에 관심이 없니?

정치는 정치인들이 하는 거지.

우린 학생이라고.

학생이기 때문에 관심을 가져야지! 우리는 이 나라를 이끌어 갈 미래잖아.

미안한데 마거릿, 우린 관심 없어.

공부하기도 바쁘거든.

애들아……

먼저 갈게.

내일 보자.

여자가 무슨 정치야?

그러게. 저러니 남자 친구가 없지. 큭큭.

어릴 때부터 정치에 대해 배워 온 마거릿은 정치에 관심이 없는 친구들을 이해할 수 없었습니다.

그 어려운 관문을 통과해서 옥스퍼드에 들어온 여학생들이 고작 외모와 남자 얘기만 해. 발전적인 얘기라고 해 봤자 전공 공부가 다라니!

그나마 대학에서 사회와 정치에 관심이 있는 친구들은 다 진보만을 외치고 있어. 나와는 생각이 너무 달라.

마거릿은 자신과 뜻을 같이할 동료를 찾아 나서기로 했습니다.

분명히 나와 같은 생각을 하는 학생들이 모인 곳이 있을 거야!

유니언의 멤버가 되고 싶다고?

함께 사회 문제와 정치에 대해 토론하고 싶습니다.

여긴 단순히 토론하는 곳이 아니야. 정치가를 꿈꾸는 학생들의 모임이라고!

우리 유니언에서 배출된 수상도 여러 명이야.

알고 있습니다. 그래서 찾아온 겁니다. 저도 정치에 관심이 많습니다.

여자가 정치를?

화학과라더니, 아주 재밌는 아이네.

여자인 것과 화학과인 것이 무슨 상관이죠?

여자와 화학! 둘 다 정치와는 관계가 없다는 얘기야.

얌전히 공부하다가 시집 잘 가는 것이 여자의 본분이야.

뭐라고 해도 널 받아 줄 수는 없어!

우리 옥스퍼드 유니언은 여자가 들어올 수 없는 곳이야!

영국 최고의 엘리트라는 분들이 그런 말씀을 하다니, 정말 실망이네요.

마거릿이 대학을 다니던 시절은 아직까지 여자에 대한 차별이 심한 시대였습니다. 그때만 해도 여자가 좋은 가문에 시집가서 아이들을 잘 양육하는 것이 최고의 미덕이라고 여겨졌습니다.

난 집에서 아이를 기르고, 바느질을 하는 것과는 다른 일을 하고 싶다고!

단지 여자라는 이유만으로 받아 줄 수 없다니!

그 뒤 마거릿이 찾아간 곳은 학생 보수 협회였습니다.
영국 보수당과 뜻을 함께하는 학생들의 모임이었습니다.

환영한다!

안녕하세요? 마거릿 힐다 로버츠입니다.

열심히 해 줘.

마거릿은 보수 협회 활동을 통해 대학에 온 뒤 처음으로 국가와 사회, 정치에 자신과 뜻을 함께하는 친구들을 사귀게 되었습니다.

현재 영국의 경제가 어려운 것은 영국 정부가 복지 정책을 남발하기 때문이라고 생각해. 일하지 않아도 정부에서 먹고살게 해 주니 점점 더 일할 의욕이 생기지 않는 거야.

나도 마거릿의 생각에 동의해. 하지만 갑작스럽게 *긴축 재정을 시행하는 것도 쉽지 않을 거야.

당연히 쉽지 않지. 하지만 꼭 극복해야 할 문제이기도 해. 그 방법을 찾아내는 것이 바로 앞으로 우리가 할 일이지.

마거릿은 공부와 보수 협회 활동은 물론 학교 근처 식당에서 아르바이트를 하기도 했고, 방학 때는 고향 그랜덤에 돌아가 학생들을 가르치며 돈을 벌었습니다.

*긴축 재정: 국가나 지방 자치 단체의 예산을 줄이는 재정

마거릿의 첫 도전 **69**

우리 학생 보수 협회에서 그 의무와 책임을 다하도록 좀 더 진취적인 활동을 해 나갈 것입니다!

현재 영국의 정치는 엄청난 침체기에 빠져 있습니다! 잘못된 정치를 하고 있는 정치인들을 감시하고 경계해야 합니다.

뜻이 맞는 친구들과의 협회 활동은 마거릿에게 큰 즐거움을 주었습니다. 마거릿은 누구보다도 열심히 활동했고, 점차 마거릿을 따르는 학생들도 많아졌습니다.

1945년, 전쟁이 끝난 후 영국에서는 국회 의원을 뽑는 총선이 열렸습니다. 마거릿은 보수당을 지지했습니다.

와, 엄청나다.

당연하지! 전쟁이 끝나고 첫 선거를 준비하는 건데.

마거릿은 곧 국회 의원을 뽑는 총선의 선거 운동에 뛰어들었습니다.

여러분! 보수당을 찍어 주세요! 전쟁 영웅 처칠이 이끄는 보수당입니다!

잠자는 시간까지 쪼개 가며 마거릿은 열정적으로 선거 운동을 도왔지만 총선의 결과는 충격적이었습니다.

노동당 만세!

만세! 노동당이 총선에서 승리했다!

처칠이 지다니, 전쟁에서 승리하고도 선거에선 패배했어.

정치를 아무리 잘해도 유권자들의 선택을 받지 못하면 아무것도 할 수 없다는 거지.

왜 유권자들이 처칠을 선택하지 않았을까?

그들에겐 전쟁 이후의 삶이 중요했던 거지.

이제 전쟁은 끝났으니 노동당이 제시한 실업 문제 해결과 복지 정책이 더 유권자들의 마음을 움직인 모양이야.

그래 맞아. 보통 사람들에겐 현실적으로 와 닿는 정책이 더 필요할 테니까.

이 선거는 마거릿의 정치 인생에 소중한 경험이 되었습니다.

실망하지 말자! 이번 선거는 돈 주고도 살 수 없는 소중한 경험이었어.

국민들이 원하는 지도자는 누구인지 그걸 기억하자.

선거가 끝난 뒤 마거릿은 보수 협회의 회장으로 뽑혔습니다. 마거릿의 활동으로 협회는 더욱 발전했고, 어느덧 졸업반이 된 마거릿은 공부에 매진했습니다.

이후 실험하며 논문을 쓰는 데 1년을 꼬박 보낸 마거릿은 1947년, 자신의 논문 〈X선 결정학의 연구〉로 대학 상을 수상하며 화려하게 옥스퍼드를 졸업했습니다.

축하해!

축하한다, 마거릿!

감사합니다. 그동안 제 뒷바라지 하시느라 고생 많으셨어요.

옥스퍼드를 졸업한 마거릿은
화학 관련 회사에 연구원으로
취직했습니다.

사회생활을 경험하는 것도
나중에 정치를 하는 데
도움이 될 거야.

일하면서 내게 부족한
공부도 더 하고.

하지만 일을 하면서 정치가로서의 준비를
하겠다는 마거릿의 당찬 계획은 실행에
옮기기에 힘든 일이었습니다.

네, 알겠습니다.

지금 하고 있는 연구는
이번 주까지 정리해서
보고서를 제출하도록
해요.

이번 주에 듣고 싶은
공개 강의가 있는데
갈 수 없겠구나.

읽어야 할 책도 많고
공부할 것도 산더미인데.
일이 너무 많아. 도무지
시간이 나질 않아.

응?

여기서 뭐 하세요?
하루 종일 보이지
않으시더니?

아, 우리 이제 한가해.

사직서를 냈거든.
하하.

사직서요? 왜요?

그동안 *국영 기업으로 회사를
옮기려고 여기저기 이력서를 넣고
있었거든. 드디어 한 군데서
연락이 왔어.

이 친구 이제 팔자 폈지.
국영 기업이면 일도 편하지,
잘릴 걱정도 없지. 완전히
놀면서 돈 버는 거잖아.

하하하,
그렇지.

*국영 기업: 나라에서 경영하는 회사

국영 기업이면 나라에서 운영하는 기업인데 더 열심히 일해야 하는 거 아닌가요?

어째서 더 열심히 해? 대충해도 돈 나오는데? 그래서 국영 기업이 최고라고 하잖아?

그럼, 당연하지. 우리 영국처럼 국영 기업이 편한 나라도 없을걸?

하하하, 맞아. 대영 제국 만세야!

그럼 두 분이 모두 국영 기업으로 가시게 된 건가요?

아니, 그건 아니야.

네? 그럼 무슨 일을 하시려고요?

난 쉴거야.
우리나라엔
실업 수당이라는 것이
있잖아. 잠깐
놀아도 먹고사는
데는 지장 없어.

한 몇 달 놀면서
푹 쉬라고.

맞아.
우리에게 필요한 건
안락한 휴식이야!

가난한 사람들을 위한
복지 정책이 이렇게
엉뚱한 사람들에게
나쁘게 이용되다니!
이건 잘못된 거야!

자신들의 뜻대로
되지 않으면 시도 때도
없이 파업을 하는
집단 이기주의!

무엇이든
나라가 해결해
줄 거라는
안일한 생각!

표심을 잃을까 봐 현실을
외면하는 정치인들!

모든 것이 잘못되고 있어.
이대로 두면 영국은 과거의
영광은커녕 몰락하고
말 거야.

이 상황을
바로잡을 올바른
정치가 필요해!

그런데 지금 난 여기서
뭘 하는 거지?

이렇게 지내다가
나마저도 현실에 안주해
버리는 것이 아닐까?
저들처럼 국가의 복지에
기대어 나이 들어 가는 것이
아닐까?

안 돼!
난 아주 어린 시절부터
정치를 꿈꿔 왔어!
지금 결심하지 않으면
내 꿈을 이대로 포기하게
될 거야!

지금 영국엔
새로운 정치인이 필요해!
개혁을 할 수 있는
젊고 힘 있는 정치인!
난 그런 정치인이
될 거야!

정치에 대한 자신의 꿈과 의지를 다시 한번 확인한 마거릿은
1948년, 보수당이 웨일스에서 개최한 모임에 옥스퍼드 대학
졸업생 대표로 참석하게 되었습니다. 그곳에서 대학 시절 함께
정치 활동을 하던 존 그랜트를 오랫만에 만나게 되었습니다.
마거릿에게는 운명의 만남이었습니다.

마거릿,
역시 참석했구나!

존, 오랜만이야!

요즘 어때? 연구원 생활은 재미있어?

뭐, 전공이니까. 너무 바빠서 정신이 없어.

저런, 타고난 정치인 마거릿이 정치와 멀어져선 안 되지.

맞아. 역시 난 하고 싶은 일이 있어. 그래서 이곳까지 온 거고.

그래! 너야말로 지금 가장 필요한 존재일지도 몰라.

그게 무슨 말이야?

이리 와 봐.
소개해 줄 분이
있어.

누구?

켄트주 다트퍼드의
보수당 회장이신
존 밀러 목사님이셔.

안녕하세요? 옥스퍼드 대학
졸업생 대표 마거릿 힐다
로버츠라고 합니다.

오, 반가워요. 여성분이
옥스퍼드 졸업생 대표라니,
의외로군요.

마거릿은 옥스퍼드에서
유명 인사였어요.
덕분에 보수 협회가 아주
커졌다니까요.

존~

그런데 목사님, 이번 다트퍼드의 입후보 예정자는 결정됐습니까?

워낙 힘든 선거구라 후보자를 정하기가 힘이 드는군.

다트퍼드는 공업 지역이라 노동당을 지지하는 사람들이 많죠?

그래요. 보수당이 힘을 못 쓰는 지역이지요. 웬만큼 강한 후보가 아니면 참패를 면하기 어려울 것 같아요.

아주 획기적인 이슈를 만들면 어떨까요?

획기적인 이슈?

젊고 우수한 여성 후보를 내보내는 겁니다.

뭐, 여성? 남자 후보가 나서도 힘든 마당에 여성 후보라니?

누가 나서도 힘든 판국이니 젊은 여성이 나서게 되면 충분히 화제가 되면서 유권자들의 마음을 잡을 수도 있지 않겠습니까?

흐음, 그것도 일리 있는 말이군. 자네가 생각하고 있는 적임자가 있나?

목사님이 보고 계신 바로 이 여성입니다. 마거릿 힐다 로버츠!

뭐, 나?

마거릿은 명문 옥스퍼드에서 보수 협회 회장을 지낸 우수한 인재입니다.

그리고 청중을 휘어잡는 카리스마와 정치에 대한 열정이 있어요. 완벽한 조건을 갖고 있지요.

듣고 보니 자네 말이 일리가 있네. 그렇다면 당사자의 의견은 어떨까?

제가 필요한 일이라면 도전해 보겠습니다.

오, 쉽지 않은 일인데 괜찮겠습니까?

네, 부족한 점이 많지만 정치에 대한 열정은 누구보다 강하다고 생각합니다.

자네 말대로 준비된 후보로군! 하하.

그렇다니까요!

하지만 명심해야 할 것이 있습니다. 정치는 아주 힘든 일입니다. 확고한 의지가 없다면 아예 시작도 하지 않는 것이 좋아요.

저는 정치를 가볍게 생각하지 않습니다. 확고한 의지와 신념이 있다고 자신할 수 있습니다!

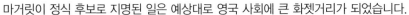

마거릿이 정식 후보로 지명된 일은 예상대로 영국 사회에 큰 화젯거리가 되었습니다.

남성 후보가 나와도 불리한 상황에서 보수당이 여자 후보를 내보내다니. 보수당이 다트퍼드를 포기한 거 아닙니까?

다트퍼드는 공장 지대로 옛날부터 노동당이 우세한 지역 아닙니까?

로버츠 양, 이것에 대해 한 말씀해 주세요!

우리 보수당은 다트퍼드를 버린 것이 아니라 감싸 안으려는 것입니다!

다트퍼드가 공장 지대라고 해서 거친 남성들만 사는 곳이 아닙니다. 이곳엔 노동자들의 가족인 여성과 아이들도 많이 살고 있습니다! 저는 그들을 모두 아우를 수 있는 정책을 펼칠 것입니다!

저렇게 어린 여성이 당차기도 하지.

오, 자신감이 넘치는데.

보수당의 새로운 히든카드

마거릿 힐다 로버츠!

보수당의 불모지 다트퍼드를 공략할 샛별 마거릿!

하하, 이거 우리가 기대했던 것보다 훨씬 반응이 뜨겁지 않은가?

그렇습니다. 마거릿의 연설 장소마다 사람들이 넘쳐 나고 있답니다.

마거릿 덕분에 다트퍼드에서 보수당의 지지율이 올라가고 있습니다.

마거릿, 이러다 진짜 네가 당선되는 거 아냐?

너무 앞서가지 마. 아직 멀었어.

아냐. 다트퍼드 시민들이 얼마나 완고했는데. 널 따라 마음이 움직이고 있다고!

우리 모두 마거릿에게 힘을 실어 줍시다!

당연하지요! 보수당의 히든카드가 아닙니까?

마거릿 힐다 로버츠의 선거 운동에 적극 동참합시다!

첫 패배의 충격은 마거릿을 더욱 성숙하게 만드는 계기가 되었습니다. 마거릿은
정치란 단지 열심히만 한다고 되는 것이 아니라, 유권자들의 마음을 얻어야만 하는
예측 불허의 세계란 걸 다시 한번 되새기게 되었습니다.

영국의 시대 상황

마거릿이 어렸던 시절, 세계는 혼란의 시기였습니다.
미국에서는 대공황이 있었고, 히틀러가 독일에서
집권하면서 유럽 전체를 전쟁의 공포에 몰아넣었지요.
마거릿이 아직 학생일 때는 제2차 세계 대전까지
시작되었습니다.

어른이 되어서도 혼란은 계속되었습니다. 영국은 옛
명성을 잃고 어려운 경제 상황에 놓여 있었습니다.
보수당과 노동당이 번갈아가며 경제 문제를 해결하려
했지만 실패했어요. 그런 상황 속에서 마거릿 대처가
수상의 자리에 오르게 되었습니다.

미국의 대공황 당시 모습

하나 ‹ 저생산성과 고임금

당시 영국의 연평균 노동 생산성 증가율은
1.1퍼센트에 불과했습니다. 하지만 같은 기간 동안
연평균 임금 상승률은 19.4퍼센트나 되었습니다.
기업이 벌어들이는 돈은 거의 변화가 없는데,
노동자들에게 지급하는 급여는 엄청나게 높아진
것입니다.

또한, 당시 영국 정부는 생산성이 떨어져 경쟁력을 잃은
기업을 나랏돈을 지원해 살리려고 하는 등, 국가의 재정
부담을 지나치게 확대했습니다. 이런 상황이니 경제가
발전할 수 없는 것은 당연한 일이었습니다. 임금과 정부의
지출이 늘자 물가 역시 계속해서 올랐습니다. 여기에
어려운 경제 사정이 더해져 결국 임금 인상이 중단되었고,
복지 정책까지 축소되었습니다. 이에 서민들의 삶은 오히려
힘들어졌습니다.

영국의 자동차, 항공 엔진 기업인 롤스로이스가 경영난
에 빠지자 영국 정부는 항공 엔진 부분을 인수해 국영화
했습니다. ⓒ Charles01

영국병

1970년대의 영국은 '영국병'을 앓고 있었습니다. 영국병이란
정부가 국민 생활을 구석구석까지 돌봄으로써 사람들의
근로 의욕이 떨어져 경제가 침체에 빠지게 된 영국의 상황을
비판적으로 이르는 말입니다.

당시 영국인들은 일하지 않아도 정부에서
실업 급여가 나오기 때문에 적극적으로 일하지
않았습니다. 게다가 경제가 발전하지 않으니
실업률이 높아져 갔습니다. 영국 정부는 실업
문제를 해결하려 했지만 실업은 계속해서
증가하고, 정부의 부담이 커져만 갔습니다.

영국이 외화 지원을 받아야 했던 국제 통화 기금(IMF)의 건물

또 상황이 어려운 기업을 국유화하다 보니, 기업이
스스로 경쟁력을 키우기 힘들어졌습니다. 영국
경제는 점점 침체하여 결국 1976년에는 부도를 막기
위해 국제 통화 기금(IMF)에서 지원을 받아야 하는
상황에 이르렀습니다.

마거릿은 사람들의 근로 의욕을 높이고, 기업의 생산성을
높이지 않으면 영국 경제가 살아나지 않을 것으로
판단했습니다. 하지만 국가가 보장하는 정책으로
편하게 생활하던 사람들이 복지 정책을 축소하려는
마거릿을 곱게 볼 리 없었습니다. 마거릿은 저항에
맞서 이 영국병을 치료하기 위한 투쟁을 벌였습니다.

셋   **불만의 겨울**

'불만의 겨울'은 영국에서 1978년 말부터 1979년
초에 걸쳐 자동차, 운수, 병원, 청소 노동조합이
연합해 일으킨 노조 파업입니다. 이것은
1970년대의 영국에서 노조의 힘이 과도하게
강했음을 보여 주는 대표적인 예입니다.

영국 노동자들의 파업 당시 모습

'불만의 겨울'은 국민들에게 참기 힘든 고통과 이를 제대로
해결하지 못한 정부에 대한 불신을 안겨 주었습니다.
병원 노조의 파업으로 위급한 환자들이 제때에 치료를 받지
못해 방치되었고, 청소 노조의 파업으로 거리는 쓰레기로
넘쳐났습니다.
보수당 대표였던 마거릿은 5월 총선거에서 이러한
상황을 해결하고 경기를 되살릴 것을 선거 공약으로
내세워 승리를 거두고 수상이 되었습니다.

마거릿 대처가 수상이었던 1984년 탄광 노조가 다시
한번 대대적인 파업과 시위를 벌였습니다.

넷 마거릿 대처의 경제 정책

마거릿은 수상이 되고 나서 과감하게 기업의 민영화를
추진했습니다. 고객의 이익을 위해 정부의 사업과
서비스를 최대한 경쟁에 노출시켜 효율성을 촉진하게
하기 위함이었습니다.
마거릿이 추진한 국영 기업 민영화는 바로 효과를
나타냈습니다. 기업들은 자신만의 경쟁력을 갖추어
효율성을 높일 수 있었습니다. 영국 항만은
민영화된 지 6개월만에 이익이 7배나 급증했고,
영국 항공은 종업원 1인당 생산성이 50퍼센트
이상 향상되었습니다.
새로운 일자리가 마련되었고, 신기술 도입과
경쟁 촉진을 통해 기업 경쟁력이 높아졌습니다.

마거릿 대처 이후 집권을 계속한 보수당은 국가에서 경영하던
철도 사업을 민영화했습니다. ⓒ Peter Broster

민영화된 기업은 이윤을 높이기 위해 질 좋고
다양한 서비스를 제공해 고객을 만족시켰습니다.
국영 기업의 민영화에 이어 마거릿은 '규제 개혁'에
돌입했습니다. 마거릿이 집권할 당시 영국은 온갖
규제로 기업들이 사업을 하는 데 제한을 두었기 때문입니다.
마거릿은 규제를 없애 '기업이 사업하는 데 좋은 환경'을
만들어 주었습니다.

그 결과 외국에서 영국 기업에 투자하는 일이
늘어났고, 영국 경제가 활성화되었습니다.
침체에 빠져 있던 영국은 마거릿의 강하고
선명한 개혁들로 인해 빠르게 변화하고
발전해 나갔습니다.
이런 마거릿의 성공적인 통치 철학은
'대처리즘'이라는 이름으로 불리우며 세계
여러 나라의 본보기가 되었을 정도입니다.
하지만 사회 공공의 복지를 위해 정부의
간섭이 필요한 부문까지 과도하게
민영화한 일, 금융 시장에 있어서 너무
많은 규제를 없앤 일은 시간이 지난 후 또 다른 사회
문제를 만들었고, 이로 인해 대처리즘의 한계가 드러나기도
했습니다.

영국의 상공업 중심 도시 맨체스터 ⓒ Pimlico Badger

who? 지식사전

나치 정권과 유대인

마거릿이 어린 시절, 히틀러의 만행을 피해 유대인 소녀가 잠시 마거릿의 집에
머문 적이 있었습니다. 이 유대인 소녀는 왜 부모와 떨어져 낯선 외국의 친구 집에
머물렀어야 했을까요? 그건 바로 히틀러의 유대인 학살 정책 때문이었습니다.
제1차 세계 대전에서 패배한 독일 국민들은 극도로 좌절감에 빠져 있었습니다.
이런 독일 국민들에게 아돌프 히틀러라는 사람이 나타나 순식간에 마음을
사로잡았습니다. 그는 독일 민족의 우수성을 강조하곤 다른 민족들을 탄압했습니다.
특히 유대인들을 집중적으로 탄압했는데, 독일에 거주하는 다른 민족의 수가 그리
많지 않았고, 불이익을 받기 시작하자 독일을 떠났기 때문입니다.
하지만 근면하고 성실했던 유대인은 많은 재산을 모으며 독일에서 자리 잡은
사람들이 많았습니다. 히틀러는 그런 유대인을 집중적으로 공격하며 수많은 사람을
희생시켰습니다.

히틀러와 나치는 수많은 유대인을
탄압했습니다.

4 꿈을 향해

선거가 끝난 뒤 회사에 복귀한 마거릿은 회사 일을 처리하는 한편, 정치인이 되기 위한 공부를 본격적으로 시작했습니다. 바로 법학을 공부하기 시작한 것입니다.

회사 일에, 법 공부에, 정치 활동까지 하며 바쁘게 지내던 마거릿은 어느 날 다트퍼드의 보수당 지부에서 초청장을 받았습니다.

후보자 적성 심사를 받으러 간다고?

응. 초청장을 받았어.

지난번 선거 때 널 좋게 본 모양이야. 이번엔 좋은 결과가 있을 거야.

적성 심사잖아? 후보가 될지 안 될지도 모르는데……

그건 형식일 뿐이야. 너만한 후보가 어디 있다고? 걱정 마. 넌 선거에 붙을 생각만 하면 돼.

존의 말대로 마거릿은 후보자 적성 심사를 무난히 통과하고 보수당 후보자로 선정되었습니다.

후보자 선정 연설이 정말 감동적이었습니다. 국민과 나라를 어떻게 이끌고 나갈지에 대한 로버츠 양의 신념이 담긴 훌륭한 연설이었습니다.

감사합니다.

로버츠 양이라면 우리 보수당의 가치와 비전을 국민들에게 충분히 전달할 수 있는 후보가 될 거예요.

오늘 밤 만찬에 참석하실 거죠?

지부 간부들이 후보자들을 위해 준비한 만찬이니 꼭 참석하시기 바랍니다.

네, 꼭 참석하겠습니다.

그날 밤, 만찬에서 마거릿은 운명의 만남을 갖게 됩니다.

그 사람은 마거릿에게 평생의 후원자이며 동반자가 되어 줄 사람이었습니다.

마거릿 힐다 로버츠 양이죠? 저는 데니스 대처라고 합니다.

안녕하세요? 그런데 우리가 만난 적이 있었나요?

지난번 다트퍼드 선거 때 몇 번 도와드리러 갔었습니다.

어머, 죄송해요. 제가 기억을 못 했네요.

아닙니다. 정식으로 인사를 나눈 적은 없고 멀리서 도와드린 걸요.

그래도 도움을 주신 분을 기억 못 하다니.

이제부터라도 기억해 주시면 되죠.

네, 꼭 기억하겠습니다.

마거릿, 오늘 밤에 런던으로 돌아간다면서요?

네, 내일 출근해야 해서요.

저런, 시간이 늦었는데 거기까지 어떻게 가려고?

기차 타면 돼요. 전 괜찮아요.

제 차로 모시면 안 될까요?

네?

데니스도 런던에 살죠? 잘됐네. 여자 혼자 밤에 보내기 불안했는데.

로버츠 양, 제게 모실 수 있는 영광을 주시겠습니까?

아, 감사합니다.

두 사람은 함께 차를 타고 런던으로 가는 동안 많은 이야기를 나누었습니다.

정치에 관심이 많던 데니스는 이미 두 차례나 선거에 입후보했다가 떨어진 경험이 있었습니다.

지금은 사업을 해서 자리를 잡았지만 정치에 대한 관심은 아직도 여전하답니다.

언젠가 다시 도전하실 거죠?

아뇨. 완전히 포기했습니다.

왜요? 아직 젊으신데?

두 번 출마하면서 깨달았어요. 정치는 관심만 있다고 할 수 있는 것이 아니란 사실을요.

강한 소신과 사람을 이끄는 힘이 있어야 합니다.

바로 로버츠 양처럼요.

이번 선거에 저도 최선을 다해 돕겠습니다. 로버츠 양은 타고난 정치가라고 생각해요.

데니스는 마거릿의 선거를 자신의 일처럼 열정적으로 도왔습니다.

마거릿 힐다
로버츠입니다!

영국엔 젊은 인재가
필요합니다!

마거릿은 믿음직스러운 데니스의 모습에 점점 호감을 갖게 되었습니다.

보수당의 젊은 인재!
마거릿을 기억해 주세요!

하지만 두 사람이
열정을 쏟아부은
두 번째 선거에서도
마거릿은 패배하고
말았습니다.

미안해요, 데니스.
그렇게 열심히
도와주었는데.

내 걱정은 말아요.
나보다 당신이
더 걱정돼요. 실망이
커서 포기할까 봐.

포기하지 않아요.
이번 선거를 통해서
저에게 부족한 것이
무엇인지 절실하게
깨달았어요.

그게 뭐죠?

본격적으로 법률 공부를 해서
변호사 시험을 치를 거예요.

법률 공부?

네, 정치를 하려면 법과
경제에 대한 공부는
기본이에요. 전문성이
적은 저를 믿고 찍어
주긴 무리였을
거예요.

직장 생활을 하면서 공부를 병행하려면 힘들 텐데요.

걱정 마세요. 옛날부터 힘들게 공부하는 것이 버릇이 된걸요. 조금 덜 자면 돼요.

아무리 그래도 직장 생활과 공부, 게다가 보수당 활동까지 하려면 아주 힘들 거예요. 시간도 많이 걸릴 테고.

물론 그렇겠죠. 하지만 제가 할 일인걸요.

나에게 아주 좋은 생각이 있어요.

당신이 다른 것은 신경 쓰지 않고 공부와 정치만 할 수 있게 해 주고 싶어요. 내게 기회를 주겠어요?

데니스, 너무 고마운 제안이지만 전 받아들일 수가 없어요.

아니, 왜요?

1951년 12월 13일, 마거릿은 웨슬리 교회에서 데니스와 결혼식을 올렸습니다.
이날부터 마거릿 힐다 로버츠는 마거릿 대처로 성을 바꿉니다.

결혼과 동시에 회사를 그만둔 마거릿은 본격적으로
법률 공부를 시작했습니다.

제 목표는
1차, 2차 시험에
연속으로 합격하는
거예요.

변호사 시험은 1차도 어렵지만
2차는 아주 힘들다던데, 너무
조급하게 생각하지 마요.

아니에요. 남들보다
늦은 걸요. 무리해서라도
빨리 해야 해요.

하지만 공부를 시작한 지 얼마 되지 않아 마거릿은 임신을 하게 됩니다.

데니스,
저 임신했어요.

오, 마거릿.
정말이에요?

내가 너무
눈치 없이 좋아했나?
당신에겐 아주 중요한
시기인데.

아니에요.
데니스 당신과의
사랑의 결실인걸요.
저도 정말 기뻐요.

그렇게 생각해
주니 고마워요. 그럼 공부는
좀 미루는 건가요?

네? 아니에요.
계획대로 할 거예요.

임신한 몸으로 준비하면 공부도
충분히 하지 못하고 건강만 해치게
될 수도 있는데?

이런저런 변명으로
미룬다면 할 수 있는
일은 거의 없어요.
아기와 공부는 별개의
문제예요. 전 계획대로
할 거예요.

마거릿의 의지를 잘 아는 데니스는 더 이상 말리지 않았고,
마거릿은 불러 오는 배를 안고 공부를 계속했습니다.

마거릿은 1차 시험에 무난하게 합격했습니다.

축하해요.
정말 고생했어요. 이제
며칠 푹 쉬어요.

쉬다니요.
2차 시험 준비에
들어갈 거예요.

힘들지 않아요?

힘들어도 해야
한다는 거 잘
알잖아요?

무리해서 공부하던 마거릿은 데니스의 걱정대로
예정보다 일찍 산통을 겪게 되었습니다.

아!

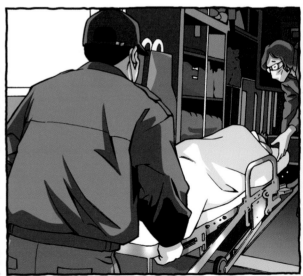

1953년 8월, 마거릿은 7주나 일찍 아이를 낳았습니다. 남녀 쌍둥이였습니다.

응애!

응애!

쌍둥이라니 욕심 많은 당신답구려. 하하.

마거릿, 아기도 낳았는데 2차 시험은······.

계획대로 할 거예요. 제 성격 아시잖아요?

맞아. 당신 뜻대로 해요.

데니스는 마거릿을 위해 가정부를 고용했지만 마거릿은 아이들에게 엄마의 손길을 느끼게 해 주기 위해 공부와 육아를 병행하려 노력했습니다.

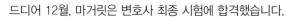
드디어 12월, 마거릿은 변호사 최종 시험에 합격했습니다.

여보, 축하해요! 고생했어요.

당신 덕분이에요, 데니스.

내가 뭘 한 게 있다고. 당신의 피나는 노력이 결실을 본 거요.

대학 입학 때부터 마음 한편으로 바라던 것이었는데 7년 만에 드디어 변호사가 되었어요. 정말 꿈만 같아요.

마거릿은 자신의 법률 사무소를 열고 다시 정치에 도전하기로 했습니다.

예전에는 너무 어렸고, 경험도, 경력도 없었어. 그동안 여러 공부를 하면서 많은 준비를 했어. 새로운 마음으로 다시 정치를 시작할 때가 왔어!

자격을 갖췄다고 생각한 마거릿은 이상하게도
후보자 경선에서 탈락했습니다.

후보자 경선에서
탈락했다고요?

네, 다음 기회에 다시
도전해 주십시오.
대처 부인.

너무 실망하지 마요. 기회는
또 올 테니까요.

실망한 게 아니라
저 자신에게 화가
난 거예요.

단지 변호사 자격증을 땄다고
제가 너무 자신만만했어요.
정치가 그렇게 만만한 게
아닌데.

분명히 다음 기회가
있을 거예요.

네, 좀 더 열심히
준비해서 다음번엔
꼭 선거에 출마하도록
할 거예요.

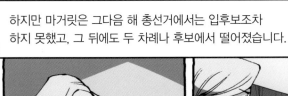

하지만 마거릿은 그다음 해 총선거에서는 입후보조차
하지 못했고, 그 뒤에도 두 차례나 후보에서 떨어졌습니다.

왜죠?
왜 제가 후보자조차 될 수
없는 거죠?

제 경력에 문제가 있나요?
예전엔 됐던 것이 왜
지금은 안 되는 거죠?

물론 대처 부인의 능력은 충분히
인정합니다만, 요즘처럼 사회가
불안정할 때 여자 후보를 내보내는 건
좀 위험하다는 결론이 났습니다.

게다가 이제는
아이까지 있으니……

제가 여자인 것이 후보가 되지 못한 이유라는 건가요?

그것 한 가지만은 아니지만,

그것이 크게 작용했다는 건 솔직히 인정합니다.

선거에 나가 보셔서 아시지 않습니까? 아직까지 영국인들에게 여성 정치가는 낯섭니다.

영국의 경제 상황이 예전 같지 않은 요즘, 유권자들은 강한 남자 지도자를 원하고 있습니다. 어차피 출마해도 당선되지 못할 것이 뻔하기 때문에 당에서도 모험을 하고 싶지 않은 것입니다.

세상은 빠르게 변하고 있었지만 아직까지 여성에 대한 편견이 강하게 남아 있었습니다.

1958년, 마거릿은 다시 도전을 시작했습니다.

난 절대 포기 못 해! 남자들만이 강한 리더십이 있을 거라는 편견에 맞설 거야!

데니스, 데니스!

이번에 핀츨리 지구에서 후보자 심사가 있대요!

핀츨리라면 대대로 보수당이 뽑힌, 보수당에게 유리한 지역이잖아요?

맞아요! 이곳에 도전하겠어요!

하지만 보수당이 유리한 지역이라 보수당에서도 경쟁이 아주 치열할 텐데?

바로 그래서 출마하겠다는 거예요. 그동안 나는 '젊은 여성 후보'로 주목받은 거였어요.

단지 여성이라서 관심을 받는 것이 아니라 다른 많은 후보자들과 똑같이 경쟁할 거예요.

물론 그렇지만, 심사관들을 당신 편으로 만들 수 있겠어요?

할 수 있어요! 해야 해요!

같은 당의 심사관들조차 설득하지 못한다면 유권자들의 마음을 잡을 수 없지 않겠어요?

단지 그것만 가지고
선거에 나갈 수는
없지 않습니까?

대처 부인이 보수당의
후보로 적합한
다른 이유가 있습니까?

핀츨리 지구는 유대인들이
많이 모여 사는 곳입니다. 저는 어릴 때
나치의 만행을 피해 도망친 유대인 소녀와
함께 살았던 경험이 있어 그들의 감성과
생활을 잘 알고 있습니다!

네! 유대인들은 좀 더 합리적이고,
진취적인 사람들입니다. 제가 아기
엄마라거나, 젊은 여자라는 것보다는
제 능력을 보고 투표할
사람들이란 것입니다!

그들은 넉넉지 않은 형편에서도
열심히 노력해 변호사가 된 저의
태도와 가능성에 주목할
것입니다!

마거릿은 결국 핀츨리 지구의 보수당 후보로 결정되었습니다.

드디어 내 능력을
펼칠 기회가 왔어!

어렵게 잡은 이 기회를
절대 놓칠 수 없어!

세계 여러 나라의 통치 형태

현재 우리나라는 대통령제를 선택한 국가로, 대통령이 국가 원수(나라에서 으뜸가는 권력을 지니면서 나라를 다스리는 사람)이자 나라를 대표하는 사람입니다. 하지만 영국과 같이 왕이 여전히 남아 있는 국가들도 있답니다. 이렇게 왕이 나라를 다스리는 정치 형태를 군주제라 합니다. 이와 달리 국민이 나라의 주인으로, 투표로 자신들을 대표할 사람을 뽑는 정치 형태를 공화제라 합니다.

영국 여왕 엘리자베스 2세 즉위식
© BiblioArchives / LibraryArchives from Canada

하나 입헌 군주제

입헌 군주제란 왕과 귀족의 계급은 그대로 유지하지만 권력 없이 상징적인 존재로서 존경을 받고, 실제적인 나라의 정치는 정치인들이 결정하는 정치 형태를 말합니다. 오늘날의 입헌 군주제는 거의 대부분 민주주의와 혼합되어 있고, 나라의 주권은 국민에게 있다는 주권 이론을 내세우고 있습니다.

제1차 세계 대전이 일어날 때까지는 유럽 대부분의 국가가 왕이 주권을 갖는 군주제 국가였습니다. 그러나 점차 시대가 변해 가면서 군주제가 감소하다가 현대에 들어서는 군주제를 유지하더라도 대부분이 '국왕은 군림하되 통치하지 않는다'는 영국형 입헌 군주제를 채택하였습니다.

현재 세계 230여 개 나라 가운데 입헌 군주제를 유지하고 있는 국가들은 영국 외에도 모로코, 일본, 캄보디아 등 20여 개 나라가 있으며, 뉴질랜드, 자메이카와 같은 일부 영국 연방 가입국에서는 영국의 국왕을 군주로 삼고 있습니다.

벨기에의 국왕 필리프 © Michael Thaidigsmann

군주가 국가 통치의 모든 권력을 장악하고 중앙 집권적 관료 기구, 군, 경찰을 지주로 하여 전제 지배를 강행하는 정치 체제로, 전제 군주제, 절대 왕정, 절대주의라고도 합니다. 프랑스의 루이 14세가 "짐은 곧 국가이다"라고 말한 것에서 알 수 있듯이 모든 것은 오로지 군주 한 사람의 결정에 맡겨져 있으므로, 국가 기관은 군주의 권력 집행 기관 정도의 역할을 합니다.

군주의 독재적 권능이 신의 힘에 바탕을 둔다고 하는 신정적 군주제, 국가라는 큰 가족의 가장이라는 지위에 바탕을 둔다고 하는 가부장적 군주제, 영토 및 신민을 자기의 세습 재산으로 보는 가산적 군주제가 있습니다. 경제와 기술이 발전하고 사람들의 지식 수준이 높아지면서 절대 군주제는 대부분 사라졌지만, 아직까지도 절대 군주제를 지속하는 나라가 남아 있기는 합니다.

바티칸은 교황이 종교의 절대적인 지주로서 권리를 행사하는 절대 군주제 국가이지만, 교황은 선거를 통해 선출됩니다.
ⓒ dslrtavel.com

who? 지식사전

현대판 신데렐라, 그레이스 켈리

그레이스 켈리는 1950년대 세계적으로 사랑받았던 미국의 여배우입니다. 1955년 아카데미 시상식 여우 주연상을 받았으며, 같은 해 골든 글로브 시상식의 드라마 부문에서도 여우 주연상을 받았습니다.

전성기를 누리던 그녀는 모나코의 왕자 레니에 3세의 청혼을 받아 결혼하면서 현대판 신데렐라로 불리게 됩니다. 왕자와 결혼하면서 왕자비가 되었다가 모나코의 왕비가 되었으니까요. 왕비가 된 그녀는 두 명의 공주와 왕자 한 명을 낳아 기르며 살다가 52세의 나이에 교통사고로 사망했습니다.

그레이스 켈리는 레니에 공에게 청혼을 받기 전 동료 영화배우로부터 2달러짜리 지폐를 받는데, 그 이야기가 전해지면서 오늘날에도 '행운의 2달러'를 선물로 주는 일이 많다고 합니다.

영화배우이자 모나코의 왕비 그레이스 켈리

셋 ▶ 한국과 미국의 대통령제

민주 국가의 정부 형태 중 하나입니다. 권력 분립이 엄격하여
정부가 입법부에 대하여 간섭하지 않는 정부 형태입니다.

대통령제는 미국에서 시작되었습니다.
영국의 식민지로부터 독립하게 된 미국은
국민의 선거에 의해 국가를 대표하고 실질적
통치권을 지닌 대통령을 선출하게 되었는데,
이것이 대통령제의 시초가 되었습니다.
우리나라도 역시 국민들이 나라를 이끌어 갈
국회 의원과 대통령을 뽑습니다.
우리나라는 국민들이 직접 선거에 참여하여
대통령을 뽑는 직접 선거를 채택하고

대한민국의 대통령 집무실이 있는 청와대

있습니다. 반면 미국은 국민들이 투표로 선거인단을 뽑아,
그 선거인단이 다시 선거를 해서 대통령을 뽑는 간접 선거를
도입하고 있습니다.

넷 ▶ 영국과 일본의 의원 내각제

왕은 존재하지만 정치에는 관여하지 않는 입헌 군주제 나라의
정치 방식은 대부분 의원 내각제입니다. 자유로운
국민 선거를 통해 국회에서 더 많은 의석을
차지한 정당이 구성하는 내각이 행정권을 가지는
통치 제도입니다. 민주주의 정부 운용 방식의
하나로 대통령제와 함께 민주 국가들이 가장 많이
운용하는 방식입니다. 국회와 내각의 양자가 상호
견제하면서 국정을 수행하는 통치 제도이지요.

일본 의회 ⓒ Wiiii

행정권을 갖게 된 정당에서 대표자를 선출합니다.
당수라고도 불리는 이 대표자는 총리 또는 수상이
되어 나라의 주요 정책들을 결정합니다.

대통령제의 대통령과 비슷한 역할을 한다고 볼 수 있지만,
대통령제와는 다른 개념이며, 일반적으로 내각 책임제와 같은
의미로 사용되고 있습니다.

다섯 프랑스의 이원 집정제

대통령제와 의원 내각제의 기능이 합쳐진 정부 형태입니다.
평상시에는 총리 또는 수상이 권력을 갖고 나라를
통치하지만, 비상시에는 대통령이 모든 권력을
행사합니다. 국민들의 직접 선거로 뽑힌 대통령이
의회의 동의를 얻어 총리를 지명할 권리를 가지고,
의회를 해산시킬 권리도 갖습니다. 반대로 총리가
이끄는 의회가 대통령이 이끄는 정부를 해산시킬
수도 있습니다.

베르사유 궁전은 프랑스 의회의 의사당으로 이용되기도
했습니다. ⓒ Eric Pouhier

행정 업무가 마비되지 않도록 하기 위해 대통령과
총리의 임기는 모두 같습니다. 총리 임명을
위해서는 의회의 동의가 있어야 해서 대통령과 총리가 같은
정당 소속일 수도 있지만, 다른 정당에 소속될 수도 있습니다.
이원 집정제를 시행하고 있는 대표적인 국가는 프랑스입니다.

who? 지식사전

대통령의 권한

대통령은 나라의 대표이자 행정부의 우두머리입니다. 국가 원수인 대통령은 나라를 대표해서 국제 회의에 참석하고 나라
간의 약속인 외국과의 조약을 체결할 수 있는 권한이 있습니다.
행정부 수반은 행정부, 즉 정부의 우두머리라는 뜻으로 행정부 수반인 대통령은 나라 살림을 맡은 행정부를 이끌고,
행정부의 공무원들을 임명할 수 있는 권한을 가집니다.

보수당의 새로운 별

5

마거릿은 다시 오지 않을지도 모를 이 기회를 잡고자 열정적으로 선거 활동을 했습니다.

후보자님, 이거 일정이 너무 빡빡한데요? 잠시도 쉴 틈이 없지 않습니까?

저처럼 지명도가 없는 후보는 유권자를 한 명이라도 더 만나야 합니다. 쉬는 건 선거가 끝난 뒤에도 충분합니다.

마거릿은 친밀함으로 유권자들에게 다가갔고, 자신의 열정과 영국 정치의 미래에 대한 신념을 확신에 찬 연설로 알렸습니다. 마거릿의 지지도는 점점 올라갔습니다.

세계는 빠르게 변하고 있고, 여성들의 지위도 날로 높아지고 있습니다! 나라 경제의 근본은 가정이고, 가정 경제를 가장 잘 알고 현명하게 운영하는 것은 여성입니다!

마거릿!

마거릿!

그리고 1959년, 마침내 마거릿은 핀츨리 지구의 선거에서 승리했습니다.

핀츨리 지구! 보수당의 마거릿 대처가 압도적인 표 차이로 당선되었습니다!

정치에 참여하겠다고 결심한 지 10년 만에 마거릿은 당당하게 하원 의원에 당선되었습니다. 그녀의 나이 서른네 살 때였습니다.

영국 국회 의사당 앞에 서 있는 거대한 시계탑 빅벤은 영국 의회를 상징하는 건축물입니다.

마거릿은 이 빅벤의 시계보다 5분 빠르게 자신의 시계를 맞추었습니다.

더 빠르게! 더 성실하게! 그리고 더 정확하게 일하겠다는 나의 다짐이야!

1960년 2월, 마거릿은 의회에서 첫 연설에 나서게 되었습니다.

저렇게 젊은 여자가 무슨 정치를 한다고!

저 여자가 마거릿 대처야?

언론이 추켜세우니 영웅이라도 된 것 같겠지만 얼마 못 버티고 나갈걸?

마거릿은 이날 언론의 자유를 위한 법안을 제출하고, 이에 대한 연설을 준비했습니다.

저는 오늘 이 자리에서 자유를 말할 것이며, 국민의 알 권리가 어떻게 억압받고 있는지 설명할 것입니다!

마거릿의 확신에 찬 논리적인 연설은 그녀를 믿지 못하던 국회 의원들을 한순간에 압도했습니다.

다음 날, 〈데일리 텔레그래프〉 신문은 마거릿의 첫 연설에 대해 극찬했습니다.

아무런 메모도 보지 않고 30여분 동안 복잡한 법안을 설명한 이 연설은 정당 대표들의 연설을 뛰어넘는 것이다. 그녀는 의원들이 몇 년의 경력을 쌓고서야 얻게 되거나 많은 의원들이 결코 얻지 못하는 의회에 대한 엄청난 감각을 가지고 있었다.

이 첫 연설로 마거릿은 보수당의 떠오르는 별로 주목받았습니다. 물론 처음부터 권위적인 남자 의원들의 세계에 순탄하게 진입한 것은 아니었습니다.

아, 그건 여자가 낄 문제가 아니오.

여자가 어디서 나대는지. 원!

말세예요.

의원님, 이 법안은······.

하지만 마거릿은 기죽지 않고 권위적인 남자들 속에서 자신의 자리를 착실하게 다져 갔습니다.

영국 경제가 계속 하락하는 것은 정부가 노조의 눈치를 보며 이미 결정된 정책을 번복하기 때문입니다!

실업 사태와 경기 침체를 해결하려면 강력한 정부의 소신 있는 정책 추진이 필요합니다!

보수당의 새로운 별 **121**

그런 마거릿의 노력은 곧 정부의 주목을 받았습니다. 해럴드 맥밀런 수상이 그녀를 부른 것입니다.

연금 국민 보험성의 정무 차관 자리를 맡으라고요?

그렇습니다. 경력 2년의 초선 의원에게 차관 자리를 제의하는 건 이례적이지만, 대처 의원의 능력이라면 충분할 거라는 판단이 들었습니다.

믿어 주셔서 감사합니다. 열심히 해서 실망시키지 않도록 하겠습니다.

맥밀런 수상의 등용으로 중요한 직책을 맡게 된 마거릿은 얼마 뒤 에드워드 히스가 수상으로 취임하면서 더욱 눈부신 활약을 펼쳤습니다.

1970년 교육 장관

1967년 연료전력 장관

1966년 재무장관

1965년 주택공사 장관, 연금장관

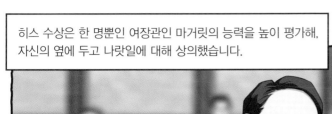

히스 수상은 한 명뿐인 여장관인 마거릿의 능력을 높이 평가해,
자신의 옆에 두고 나랏일에 대해 상의했습니다.

하지만 보수당의 집권이 길어지면서 히스 수상의 정책은 마거릿의 생각과는
다르게 변해 갔고, 마거릿은 히스와 의견 충돌이 잦아졌습니다.

기업 지원에 정부 예산을 더
사용하겠다니요! 이대로라면
기업들이 스스로 경쟁력을
갖출 수 없을 겁니다!

경기가 도무지 살아나지
않소. 국민의 원성을
달래야 하오.

표를 잃을까 봐 무서워서
정책에 대한 저희의 신념을
포기하겠다는 것입니까?

이미 결정된 일이오!
우리도 다음 총선을
준비해야 하지 않소?

히스의 정책이 갈피를 잡지 못하자, 국민들의 분노도 커져 갔습니다.

보수당 물러가라!

히스 OUT

보수당 OUT

물러ㄴ

히스 물러가라—!

히스는 우리 당의 생각을 무시하고 있어. 내가 계속 믿고 따라야 하는 건가?

지금 전국 220여 개의 노조가 탄광 노조의 파업에 동참했습니다!

뭐요? 탄광 노조만으로도 버거운데, 전국적으로 파업이 일어났다고요?

이미 전력 수요에 차질이 생기고 있습니다. 파업이 더 지속되면 영국이 파산할 것입니다.

사실 노조(노동조합)는 힘없는 약자인 노동자들에게는 꼭 필요한 단체입니다. 권력자들의 부당한 대우에 맞서기 위해서는 개인보다는 단체의 힘이 필요하기 때문입니다.

마음에 안 든다고 무조건 해고하는 것은 옳지 않습니다!

아, 알겠소. 대화로 해결해 봅시다.

열악한 근무 조건을 개선해 주지 않으면 우리 모두 업무를 중단할 것입니다!

하지만 파업이 길어지면 나라 경제가 타격을 받게 됩니다.
당시 영국은 모든 에너지의 70% 이상을 석탄에 의존하고 있었기 때문에
탄광 노조의 파업은 나라 전체에 큰 타격을 주었습니다.

탄광 노조가 임금을
30퍼센트 인상해
달라며 전면 파업에
들어갔습니다.

뭐요? 이렇게
경제가 힘들 때
임금을
인상하라고?

절대 안 될
말입니다!

석탄 노조의 파업으로
겨울철 서민들이 난방을 못 해
추위에 떨고 있습니다!

공장 대부분이
기계를 멈추고
놀고 있습니다!
경제에 큰 타격이
오고 있습니다!

파업이 더 길어지면
영국 전체가
파산할 것입니다!

알겠소.
그들의 요구를
들어줍시다.

탄광 노조의 힘이 강력했기 때문에 정부가 어쩔 수 없이 요구를 들어주는 일이 반복되었습니다.
그러다 보니 석탄 노조의 힘은 점점 커졌고, 정부는 경제 정책을 제대로 추진할 수가 없었습니다.

탄광 노조 때문에
경제가 더욱 힘들어지고
있어요.

자기들 마음에
안 들면
무조건 파업이라니!

이번엔 그들의 요구 조건이 뭡니까?

정부가 내놓은 대부분의 정책에 반발하고 있습니다.

그들은 보수당 전체를 몰아내려 하고 있습니다!

임금을 올려 달라는 것과 파업 규제법을 없애 달라는 것입니다.

여러 번 물러났는데도 저들은 끝을 모르는군요. 이 나라를 다스리는 자가 누구인지…….

정부인지, 노동조합인지 도무지 알 수가 없군!

쾅

노동당에서 총선을 앞당기라고 압박하고 있습니다.

임기가 끝날 때까지 좀 기다려 주지.

노동당이야 이번에 총선을 당겨서 실시하면 자신들이 유리하니 재촉하는 것이지요.

정책 실패를 인정하고 국민들에게 재신임을 받으라는 겁니다.

보수당이 지더라도 국민들에게 재신임을 받아야 해.

나라를 위해 잘못된 것을 바로잡는 것이 우선이야!

1974년 2월, 결국 총선이 앞당겨 실시되었습니다. 그동안 경제 정책이 연이어 실패하면서 영국 경제를 위기로 몰아넣었다는 비난을 받았던 보수당이 참패한 것은 당연한 결과였습니다.

만세!

노동당 만세!

선거에 참패하자 보수당 내부에서도 분열이 일어났습니다.

히스는 참패의 책임을 지고 물러나야 합니다!

그는 아직 보수당의 지도자입니다.

국민들은 히스에게서 등을 돌렸어요!

히스의 정치 경력을 무시하지 마세요!

아니요. 히스가 물러나지 않는 한 보수당은 국민들의 마음을 얻을 수 없습니다.

그만합시다!

이런 논의 자체가 히스에 대한 배신이에요!

쾅

대처 의원, 히스 수상과 그동안 많은 의견 충돌이 있었던 것으로 알고 있습니다만.

네, 그가 정책을 돌이키면서 뜻이 맞지 않았지요.

히스 수상의 정책은
실패했습니다.
보수당은 영국 경제를
살릴 수 있는 완전히
새로운 정책을 가진
지도자가 필요합니다.

저도 그렇게
생각했습니다.

그럼 당 대표를 새로
뽑는 것에 찬성
하시는 거지요?

하지만 새로운
대표가 될 분이
있으신가요?

저는 키스 조지프
의원이 자격이
있다고 생각합니다.

조지프 의원이라면
저도 믿습니다. 저도
협조하겠습니다.

감사합니다.

1975년 보수당 의원들은 새로운 당 대표를 뽑기 위한 투표를 실시하기로 했습니다.

대처 의원, 왜
조지프 의원을
지지하십니까? 히스
의원 쪽이 가능성이
더 큰데?

비록 지더라도 저와
뜻이 맞지 않는 사람을
지지할 수는 없기
때문입니다.

하지만 투표가 실시되기 바로 전, 키스 조지프는 말실수를 하고 말았습니다.

이렇게 중요한 때에 하필이면……

민감한 문제인 인종 차별 발언을 했다면서요?

이런 사람은 당 대표의 자격이 없어요.

열심히 지지해 주었는데 정말 미안하게 됐소.

아닙니다.

어제 밤새 생각했소. 난 후보에서 사퇴할 생각이오. 대신 당신이 출마하시오.

네? 제가요?

그래요. 사퇴하면서 당신을 지지한다고 밝히겠소.

마거릿, 충분히 승산이 있소. 한번 해 봅시다.

보수당에서 여성 대표가 나온 것은 아직 보수적이었던 영국 사회에서는 큰 의미를 가진 일이었습니다. 보수당의 대표는 차기 영국 정치를 도맡을 수상의 자리에 앉을 수도 있는 중요한 자리였기 때문입니다.

여성의 지위를 향상시키고 싶다면 여자라는 사실을 강조하기보다는 여성 스스로가 남자들과 경쟁하여 실력으로 당당하게 지위를 높여 가야 합니다!

보수당 대표에 선출된 마거릿은 런던의 한 호텔에서 당 대표 취임 연설을 했습니다.

비전을 잃은 사회는 망할 수밖에 없습니다!

저는 여러분에게 비전을 제시할 것입니다! 그 비전은 우리 보수당과 영국의 밝은 미래를 위한 것입니다.

마거릿은 자신의 말처럼 비전을 제시하며 보수당의 당 조직을 새롭게 정비해 나가기 시작했습니다.

마거릿은 당의 화합을 이끄는 데 주력하면서 외교 활동에도 힘을 쏟았습니다.

이즈음 전 세계는 미국과 소련이 대립한 냉전 시대가 끝나고 탈냉전 시대로 변하고 있었습니다.

미국의 닉슨 대통령이 모스크바를 방문하면서 세계에 평화의 바람이 불고 있습니다.

냉전의 양축으로 팽팽한 긴장이 돌던 미국과 소련이 평화 분위기를 조성하면서…….

이제 다시는 세계 대전 같은 비극이 일어나선 안 됩니다.

그렇습니다. 우리 유럽은 미국과 소련의 긴장 완화를 환영합니다.

그런데 마거릿은 1976년 1월, 연설을 통해 이런 분위기에 찬물을 끼얹었습니다.

소련은 세계 정복을 꿈꾸고 있습니다! 그들이 앞에서 웃고 있다고 해서 우리가 그들의 의도를 간과해선 안 됩니다!

유럽이 탈냉전에 휩쓸리기보다는 미국과 함께 NATO(북대서양조약기구) 동맹국들이 힘을 합쳐 소련과 그 동맹국들에 강하게 맞서야 합니다!

마거릿은 이날 소련에 대한 강한 비판을 계속했습니다.

이 연설을 들은 소련은 매우 불쾌해하며 마거릿을 '철의 여인'이라며 비난했습니다.

피도 눈물도 없는 여인입니다. 사회주의에 대한 노골적인 공격에 몹시 불쾌합니다.

하지만 마거릿은 소련의 비난에 오히려 만족했습니다.

철의 여인? 맞습니다. 저는 철의 여인입니다. 영국에는 강인한 철의 여인이 필요합니다!

보수당 내에서뿐 아니라 세계적으로도 강한 여인의 상징이 된 마거릿은 이제 다음 목표를 세웠습니다.

제가 보기에 보수당의 내부 정비가 거의 완성된 것 같습니다.

그렇습니다. 처음에 분열되었던 의원들도 거의 돌아섰습니다.

당의 단합을 위해 분열에서 화합으로 가자고 한 대표님의 연설에 의원들이 크게 공감했습니다!

그렇다면 이제 빼앗겼던 정권을 되찾는 일만 남은 겁니다.

맞습니다. 지금이 적기입니다.

지속되는 경기 침체에 국민들의 불만이 폭발 직전입니다.

당시 영국은 심각한 경기 침체에 빠져 있었습니다. 오랫동안 곪았던 문제들이 여기저기서 터지기 시작한 것입니다.

노조 파업이 하루가 멀다 하게 일어나서 나라 경제가 마비되다시피 했습니다.

실업자가 거리에 넘쳐 나고 있습니다.

실업자들에게 지급되는 실업 수당이 지나쳐 재정이 파산될 위기입니다!

임금이 오르니 물가가 치솟아 살기가 힘들어졌습니다.

지나친 복지가 오히려 나라를 좀먹는 병이 되었습니다!

*영국병을 치유하지 않으면 영국의 미래는 없습니다!

하지만 복지 문제에 손을 대면 노조에서 들고 일어나니 어떻게 해 볼 방법이 없어요.

영국 정부는 결국 국제 통화 기금에서 돈을 빌리는 지경까지 몰리게 되었습니다.

이거야말로 진퇴양난입니다.

길이 보이질 않아요.

나라의 파산을 막으려면 어쩔 수 없었습니다.

한때 대영 제국이라 불리던 우리 영국이 외부에서 돈을 빌릴 만큼 무너지다니!

*영국병: 1960년대부터 1980년대 영국에서 나타난 사회·경제적인 장기 침체(물가 상승, 실업자 증가 등)를 뜻한다.

보수당은 결국 불신임안을 제출했습니다.

보수당에서 발의한 노동당 내각에 대한 불신임안은 반대 310표, 찬성 311표로 가결되었습니다!

노동당과 캘러헌 수상에 대한 *불신임안을 제출합니다! 그들은 영국 경제를 벼랑으로 내몬 책임을 져야 합니다!

단 한 표 차이로 수상이 쫓겨나게 된 것입니다.

불신임안이 가결된 마당에 노동당이 더 이상 총선을 미룰 수는 없을 겁니다!

노동당의 위기는 보수당에게는 기회지요!

지금은 누가 정권을 잡고, 누가 수상이 되는 것이 중요한 것이 아니야! 중요한 건 영국을 살려 내는 것, 그것뿐이야!

*불신임안: 의원 내각제에서 내각이나 국무 위원을 총사퇴시킬 것을 결의한 안건

마거릿 대처의 발자취

하나 **옥스퍼드 대학교**

옥스퍼드 대학교는 세계적인 명문 학교 중 하나로 마거릿
대처 외에도 세계의 정치 지도자들을 많이 배출하였습니다.
© Arnaud Malon

영국 잉글랜드의 도시인 옥스퍼드에 위치한 옥스퍼드
대학은 12세기부터 있어 온 대학교입니다.
38개의 단과 대학으로 구성된 공립 종합 대학교로
세계 최고의 명문 대학 중 하나로 손꼽히고
있습니다. 수백년 동안 이어 온 깊은 역사와 전통을
자랑하고 있으며 세계적인 인재를 많이 배출한
곳이기도 합니다.
옥스퍼드를 나온 유명한 정치인으로는 마거릿
대처를 포함해 미얀마의 아웅산수찌, 영국 수상을
지낸 토니 블레어, 미국 대통령을 지낸 빌 클린턴,
인도 총리를 지낸 인디라 간디, 파키스탄 전 총리
베나지르 부토가 있습니다. 20여 명이 넘는 영국
수상 외에도 여러 나라의 정치 지도자와 노벨상 수상자
47명 등 작가, 과학자, 철학자, 예술가 등 여러 방면의
인사들을 배출한 명문 중의 명문학교입니다.

1997년부터 2007년까지 영국의
수상이었던 토니 블레어 역시 옥스퍼드
대학에서 공부했습니다.
© World Economic Forum on Flickr

둘 **다우닝가 10번지**

영국의 다우닝가는 영국 정부의 대명사로 사용되는 지역
이름입니다. 이곳엔 외무부와 내무부 등 관청이 들어서
있습니다.
특히 영국의 근대 내각 제도가 확립된 18세기부터 줄곧
수상 관저가 이곳에 위치해 왔습니다. 현재는 10번지에 영국
수상의 공식 관저가 있습니다. 그래서 영국 사람들은 영국
수상의 관저를 '다우닝가 10번지'라고 부르고 있습니다.

다우닝가 10번지에 들어가는 것을 '수상(총리)이 된 것'으로
표현하기도 한답니다. 다우닝이라는 길 이름은 외교관이자
장군인 조지 다우닝이 건물을 건설하여 그의 이름을 따 온
것입니다.
마거릿 대처도 수상이 된 뒤 재임 11년간 이 다우닝가
10번지에 살았답니다.

포클랜드 전쟁은 1982년 있었던 영국과 아르헨티나 사이의
영토 분쟁이었습니다.

셋   포클랜드 전쟁

포클랜드는 정확히 말해 하나의 섬이 아닙니다. 동
포클랜드와 서 포클랜드의 2개의 섬과 200여 개의
작은 섬들로 이루어진 군도(무리를 이루고 있는
크고 작은 섬들)랍니다.
아르헨티나와 영국의 영유권 분쟁 지역이었던 포클랜드를
1982년 아르헨디니가 기습 공격으로 점령합니다.
마거릿은 포클랜드를 포기하는 것은 영국인으로서의 자존심을
버리는 것이라 판단했습니다. 영국 역시 국민 단합과 새로운
활기가 필요한 때였습니다. 수많은 반대 여론에도
불구하고 마거릿은 아르헨티나와의
전면전을 선언하고 군대를 포클랜드에
파병했습니다.
제2차 세계 대전 이후 최대 규모의 함대
이동이 시작되었고, 전쟁이 시작되었습니다.
두 나라 간의 치열한 전투는 2주가 넘게
이어졌고, 결국 영국의 승리로 끝이 났습니다.
이 전쟁의 승리는 오랜 경제 위기로 생기를
잃었던 영국 국민들에게 대영 제국의 자부심을
되찾아 주었습니다.

포클랜드 전쟁 당시 사망자들이 묻힌 군인 묘지
© Chris Pearso

통 합

지 식 + 5

넷　　**영국 탄광 노조와의 전쟁**

1972년 1월 9일, 영국의 광부 전원이 일손을 놓고 작업장을 떠났습니다. 그들이 원하는 것은 두 자릿수의 임금 인상이었고, 영국 정부는 그들의 요구를 들어주지 않았습니다. 광부들은 자신들이 원하는 조건을 들어주기 전에는 일을 하지 않겠다고 선언했습니다. 에너지의 75퍼센트를 석탄에 의존하고 있던 영국은 한겨울에 일어난 광부들의 파업으로 온 나라가 꽁꽁 얼어 버렸습니다. 학교가 휴교에 들어갔고, 공장의 기계도 멈췄습니다. 결국 영국 정부는 탄광 노조가 요구하는 조건을 들어줄 수밖에 없었습니다.

보수당의 대표로 수상이 된 마거릿 대처는 탄광 노조의 힘이 너무 강해진 문제를 해결하지 않으면 영국 경제를 살릴 수 없다고 판단하고 생산성이 떨어지는 탄광 폐쇄를 추진했습니다.

2만 여에 이르는 광부들이 해고될 위기에 놓이자 전국 규모의 파업이 시작되었습니다. 1984년 3월에 시작된 파업은 치열하게 펼쳐졌습니다. 이전의 파업에서는 탄광 노조가 유리했지만 이번에는 상황이 달랐습니다. 우선 석탄 에너지 사용에 있어서 의존도가 이전에 비해 크게 줄어들었습니다. 또 마거릿은 이미 노조의 파업이 길어질 것을 예상하고 충분한 석탄을 비축해 두고 있었습니다.

노조와 마거릿은 1년이나 치열한 투쟁을 했습니다. 그리고 결국 마거릿 대처의 승리로 싸움은 끝이 났습니다. 탄광 노조는 손을 들고 일터로 돌아갔고, 영국 경제는 살아나기 시작했습니다.

1974년 또다시 벌어진 탄광 노조의 파업에 맞선 히스 수상은 결국 자리에서 물러나게 되었습니다. ⓒ Allan warren

1970년대 영국 탄광 노동자들의 모습

140

유럽 공동체

유럽 공동체(EC)는 유럽의 나라들이 함께 힘을 합쳐 미국과
아시아 등과 경쟁을 하기 위해 만들어졌습니다.
여기서 한 단계 더 발전하여 유럽을 하나의 연방
국가로서 정치적, 사회적 통합까지 이루려고
만들어진 것이 바로 유럽 연합, 즉 EU입니다.
영국은 1973년 유럽 공동체에 가입했지만,
마거릿은 유럽 공동체를 좋게 보지만은 않았습니다.
영국으로서는 얻는 것보다 잃는 것이 많을 거라
생각했고, 유럽 통합에 부정적인 마거릿의 태도는
사람들의 반발을 샀습니다. 마거릿의 생각과는
별개로 2020년, 영국은 국민 투표를 통해 유럽
연합에서 탈퇴했습니다.

유럽 의회 © jeffowenphotos

여섯 **수상에서 물러난 뒤의 마거릿 대처**

마거릿이 수상에서 물러나자 존 메이저가 보수당의 대표이자
다음 수상이 되었습니다. 또한 마거릿 대처는
남작 부인이라는 작위를 받았어요. 이 작위를
받은 마거릿은 상원 의원으로 정치에 조금씩
참여했습니다.
마거릿은 미국과 유럽, 아시아, 아프리카의 여러
나라를 돌며 강연하는 한편 자신의 정치 생활을
담은 회고록을 펴내기도 했습니다.

전 미국 대통령 부시에게 자유의 메달을 받는 대처 © Diliff

수상 시절 만큼 바쁜 생활을 하던 마거릿은
2013년 4월 뇌졸중으로 사망했습니다.
엘리자베스 2세 여왕까지 참석한 그녀의 장례식에서
영국인들은 물론 세계의 지도자들이 함께 모여 그녀의 삶과
업적을 기렸습니다.

6 최초의 여성 수상

aret Hida Tha

마거릿의 예상대로 노동당은 국민의 불만을 더 이상 외면하지 못하고 총선거를 실시하기로 했습니다.

이번 총선을 통해 국민 여러분의 매서운 심판을 받기로 했습니다.

됐습니다! 드디어 보수당에 기회가 왔습니다!

이번엔 기필코 정권을 바꿔야 합니다!

그렇습니다. 이번 선거에서 꼭 승리합시다!

이미 민심은 경제 정책에 실패한 노동당에 등을 돌렸으니 무난하게 정권이 교체되지 않겠습니까?

그런 자만이 가장 위험합니다. 지지율이 떨어졌다고는 하지만 *집권당으로서의 힘은 무시할 수 없습니다.

우리는 국민들에게 희망을 주고 선택받아야 합니다!

마거릿은 선거 활동에서 법과 질서 확립, 경제 회생, 근로 의욕 고취 등 더 나은 삶을 위한 구체적인 계획을 제시하며 국민들의 마음을 끌어모았습니다.

영국은 지금 큰 병에 걸려 있습니다! 독한 병에는 독한 약을 써야 합니다!

일하고 싶어도 일하지 못하는 불합리한 상황을 없애고, 괴물처럼 커져 버린 노조를 약화시켜 안정된 사회를 만들겠습니다!

*집권당: 정권을 잡은 정당

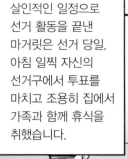

살인적인 일정으로 선거 활동을 끝낸 마거릿은 선거 당일, 아침 일찍 자신의 선거구에서 투표를 마치고 조용히 집에서 가족과 함께 휴식을 취했습니다.

마거릿, 준비 다 됐소?

데니스.

보수당이 이길 수 있을까요? 지금 영국병을 이기기 위해선 보수당의 정책이 꼭 필요해요. 그래야만 영국 경제가 살아날 수 있어요.

보수당의 승리가 확실해 보이는데 왜 이리 불안해하는 거요?

모르겠어요. 정말 떨리는군요.

갑시다. 아마도 당신의 꿈이 오늘 밤 이루어질 모양이오.

식료품점 둘째 딸 마거릿 대처가 영국 최초의 여성 수상이 되는 순간이었습니다. 마거릿은 출중한 능력과 끊임없는 노력으로 여성이라는 약점을 극복하고 영국 수상의 자리에 올랐습니다. 하지만 기쁜 마음도 잠시, 이제부터 해야 할 일들은 그녀에게 무거운 책임감을 느끼게 했습니다.

수상 관저로 들어가는 날, 마거릿은 성 프란체스코의 말을 인용해 짧은 소감을 말했습니다. 이 말은 마거릿이 추구하고 싶은 가치를 그대로 담고 있었습니다.

불일치가 있는 곳에 조화가, 거짓이 있는 곳에 진실이, 의심이 있는 곳에 신념이, 절망이 있는 곳에 희망이 있기를!

하지만 곧 마거릿 앞에는 헤쳐 나가야 할 수많은 산들이 나타났습니다.

당장 해결할 문제는 경제 회복입니다!

실업 문제부터 푸는 것이 답입니다!

아닙니다. 엄청난 물가 상승을 해결하는 것이 우선입니다. 돈이 돈이 아니라 휴지가 되고 있습니다!

저도 무엇보다 우선 해결해야 할 것이 물가 안정 문제라고 생각합니다.

국가 소득에 비해 쓰는 돈이 많아서 그래요.

하지만 예산을 줄일 곳이 없습니다.

공무원 수를 줄이겠습니다. 현재 영국엔 공무원이 너무 많아요. 그래서 나태해진 공무원 사회에 긴장감을 주고, 예산도 줄이는 겁니다.

그리고 생산성이 떨어지는 국영 기업을 순차적으로 *민영화하면 수익률이 오르면서 경제도 살아나게 될 겁니다.

공무원 수를 줄인다면 반발이 심할 텐데요?

국영 기업을 민영화하는 것은 전문가들과 상의해서 신중히 결정하는 것이 좋겠습니다.

당연히 반발하겠지요. 하지만 그것을 무서워해선 개혁을 할 수 없습니다!

마거릿은 특유의 결단력과 리더십을 발휘해 획기적이고 빠르게 개혁을 추진해 나갔습니다. 많은 사람들이 마거릿의 결정에 우려를 나타냈지만 마거릿은 흔들리지 않고 자신의 소신대로 밀고 나갔습니다.

전문가들을 무시하는 것이 아닙니다. 하지만 그동안 전문가들의 의견대로 했다가 얻은 성과가 있었습니까?

하지만 ......

수상은 접니다! 절 믿고 따라 주세요.

*민영화: 국가에서 운영하던 기업을 민간인이 경영하게 하는 것

마거릿의 독단적인 정책은 처음엔 수많은 이들의 반발을 불렀습니다.

실업자 수가
200만 명이
넘었습니다!

여기저기서 정책에
반대하는 시위가 일어나고
있습니다.

보수당과 수상님에 대한
지지율이 사상 최악으로
떨어졌습니다!

제가 생각하는
올바른 길을 계속
걸어가겠습니다.

대체 어디서
저런 자신감이
나오는 거지?

예전 히스 수상보다
더 독단적인
성격이야.

저러다가 히스처럼
동료들에게조차
배신당하고 쫓겨나게
될 거야.

많은 이들이 날 비난하고 있지만
난 흔들리지 않아.
이 모든 것은 물가를 안정시키고, 영국의
경제가 살아나기 위한 열병일 뿐이야!
이것을 잘 참고 견뎌야 해!

마침내 결국 마거릿의 정책이 효과를 나타내기 시작했습니다.

수상님! 드디어 긴축 재정의 효과가 나타나기 시작했습니다!

그래요?

물가 상승률이 10% 아래로 떨어졌고, 공업 생산성도 올라갔습니다!

반면에 보수당과 수상님에 대한 지지율은 급격히 오르고 있답니다!

정말 다행이네요. 지지율이 오르는 것보다 영국의 경제가 살아난다는 것이 정말 기뻐요.

영국 경제가 안정을 찾기 시작한 이때 영국에 충격적이 소식이 전해졌습니다.

호외요, 호외!

아르헨티나가 포클랜드를 침략했습니다.

아르헨티나가 무력으로 포클랜드를 장악했단 말입니까? *선전 포고도 없이 대영 제국의 영토를 침략해요?

포클랜드는 남대서양의 여러 개의 섬으로 이루어진 곳으로, 처음엔 에스파냐의 땅이었다가 아르헨티나에게 넘어갔고, 이후 영국령이 된 곳입니다.

아르헨티나의 갈티에리 대통령이 자신의 권력이 불안정해지자 국민들을 결속시키려는 의도로 침략한 것 같습니다.

그만큼 대영 제국의 해군이 만만한 겁니까?

그렇지는 않습니다만 현실적으로 영국에서 전쟁을 벌이지는 않을 것이라고 판단한 것 같습니다.

*선전 포고: 한 나라가 다른 나라에 대해 전쟁을 시작한다는 것을 공식적으로 알리는 일

그게 무슨 말이죠?

포클랜드 제도까지는 거리가 1만 3천 킬로미터나 됩니다. 우리가 그곳까지 해군을 파병하려면 엄청난 군자금이 필요합니다.

게다가 그 큰 자금을 감수할 만큼 중요한 곳이 아닙니다.

여러 가지로 계산해 보았을 때 전쟁보다는 외교적으로 해결하는 것이 좋을 것 같습니다.

무력으로 침략한 적에게 신사적으로 나가 달라고 부탁하란 말입니까?

여러 나라와 논의해서 외교적 압박을 하는 게 좋을 것 같습니다.

깜짝

듣기 싫어요!

포클랜드는 대영 제국의 영토입니다! 대영 제국은 한때 해가 지지 않는 나라라고 불리는 강대국이었습니다!

그런 대영 제국이 이처럼 국제적인 망신을 당했는데 고작 생각하는 것이 비겁한 발뺌이란 말입니까?

수상 각하, 그렇게 감정적으로 생각하실 문제가 아닙니다.

선불리 전쟁을 일으켰다가는 오히려 영국이 크게 힘들어질 수도 있습니다.

그렇습니까? 모두 같은 생각입니까? 아르헨티나가 무서워서 피해야 한다고 생각하십니까? 영국에 진정한 군인은 없단 말입니까?

영국이 승리할 것입니다!

확신하십니까?

네!

영국의 해군은 세계 최강입니다. 기동대를 보낸다면 이기지 못할 이유가 없습니다!

제가 원하던 대답이 바로 그것입니다! 우리는 이겨야 합니다.

대영 제국이 여전히 위대하다는 신념! 지금 우리 국민들에게 꼭 필요한 자부심입니다!

마거릿은 아르헨티나와의 전면전을 결정하고 영국 해군을 포클랜드 제도로 파병했습니다. 항공 모함이 포함된 이 파병은 제2차 세계 대전 이후 최대 규모의 함대 이동이었습니다.

영국 해군은 20일 만에 포클랜드에 도착했고,
곧 아르헨티나군과 영국군의 대대적인 전쟁이 일어났습니다.

우월한 전투력을 자랑하는 영국 해군이었지만
아르헨티나군의 거센 저항에 피해를 입으며
사상자도 발생했습니다.

국민들을 죽음으로 내모는 지도자는 필요 없다!

대화 시도도 하지 않고 전쟁을 일으킨 대처는 반성하고 물러나라!

지금이라도 전쟁을 중단하라!

하지만 이번에도 마거릿은 흔들리지 않았습니다.

대영 제국에 후퇴란 없습니다!
소중한 우리 군인들의 희생이
헛되게 할 수는 없습니다!
우리는 승리할 것입니다!

2주간이나 치열하게 진행된 영국과 아르헨티나의 전쟁은 6월 14일,
아르헨티나군이 항복하면서 영국의 승리로 끝이 났습니다.

만세, 만세!

대영 제국 만세!

국민 여러분, 우리 대영 제국
해군이 포클랜드에서
승리했습니다.

포클랜드 전쟁의 승리는 경제 위기로 힘들어하던 영국 국민에게 나라에 대한 자부심과
애국심을 고취했고 철의 여인 마거릿 대처에 대한 무한한 신뢰와 애정으로 돌아왔습니다.

만세!

대영 제국 만세!

대처 만세!

이 기쁜 소식을 발표하고
수상 관저로 돌아온 마거릿의
표정은 어두웠습니다.

그녀는 포클랜드 전쟁에서 사망한 258명의 군인 가족들에게 일일이 손으로
위로의 편지를 썼습니다.

…… …… 대영 제국과 정의를
위해 희생한 그 숭고한
영혼을 영국인들은 영원히
잊지 않을 것입니다.

포클랜드 전쟁 이후 국민들의 압도적인 지지를 받게 된 마거릿은 1983년 6월에 실시된 총선거에서 승리를 거두며 수상으로서 두 번째 임기를 시작했습니다.

재선에 성공했지만 마거릿에게는 잠시의 여유도 없었습니다. 아르헨티나와의 전쟁보다 더 지독한 노조와의 전쟁이 기다리고 있었기 때문이었습니다.

영국의 경제를 획기적으로 발전시키려면 가장 먼저 노동 조합의 힘을 약화시켜야 합니다.

그렇습니다. 시도 때도 없이 파업을 하니, 경제적 손실도 클 뿐 아니라 국민들의 생활도 여간 불편한 게 아닙니다.

하지만 이미 그들의 힘이 너무 커져 있습니다.

맞습니다. 예전에 히스 수상을 결국 물러나게 한 전국 탄광 노조의 아서 스카길이 아직 버티고 있습니다.

석탄 공급이 차질을 빚으면 산업체의 타격이 너무 심합니다. 그들의 심기를 건드려선 안 됩니다.

그들이 쥐고 있는 패가 바로 그것이지요. 자신들이 나라 전체에 입힐 수 있는 피해를 볼모로 부당한 요구를 일삼는 것입니다.

이번에야말로 고질적인 노조 파업을 근본적으로 막을 법안을 만들어야 합니다.

대비책이 있으십니까?

설마 무작정 전면전을 선포하는 것은 아니겠지요?

석탄을 사들이세요. 탄광 노조의 파업으로 석탄 공급에 문제가 생겼을 때 정부에서 공급할 수 있도록 최대한 많이 사 모으세요.

정부가 석탄을 사들이기 시작하면 그들도 금방 눈치챌 텐데요?

그건 어쩔 수 없습니다.

모든 탄광이 아서 스카길을 따르는 건 아닙니다. 경제를 살리는 데 동참하려는 곳이 분명히 있을 것입니다.

알겠습니다.

어차피 한 번은 넘어야 할 산이긴 하지요.

길고 험난한 길이 되겠군요.

과거 해가 지지 않는 나라라 일컬어지던 우리 영국이 이젠 파업으로 해가 뜨고, 파업으로 해가 지는 나라가 되고 말았습니다!

반복되고 있는 경제난을 해소하고 모두 잘사는 나라가 되기 위해선 노조에 대한 강력한 정책이 필요합니다!

세계의 여성 정치인

민주주의가 시작되면서 세계에는 여러 명의 여성 지도자들이 탄생했습니다. 여성의 투표권이 생긴 것도 얼마 되지 않았는데, 편견과 핍박을 이기고 여성 지도자가 되었다는 것은 남성이 지도자가 되는 것보다 훨씬 더 어려운 일이었을 거예요. 마거릿 대처도 그중의 한 명이죠. 그럼 세계 곳곳에 어떤 여성 지도자들이 있었는지 살펴볼까요?

인도 최초의 여성 총리인 인디라 간디 ⓒ 연합뉴스

하나 인디라 간디(1917~1984년)

인도 최초의 여성 총리입니다. 부유한 가정에서 태어나 영국 옥스퍼드 대학에서 공부했으나 인도 독립을 위해 투쟁했던 아버지 자와할랄 네루의 영향을 받아 스물한 살 때부터 영국에 대항한 독립 운동에 나섰습니다.

1947년 인도가 마침내 영국으로부터 독립하고 아버지 네루는 인도의 첫 총리에 올랐습니다. 그는 총리로서 인도에 민주주의를 뿌리내리기 위해 노력하며 국민의 존경을 받았지만, 병으로 사망하고 맙니다. 아버지와 함께 활발히 활동했던 인디라 간디는 이후 총선에 출마해 당선되었고, 총리가 된 뒤 인도의 발전을 위해 힘을 쏟았습니다. 하지만 정권을 유지하기 위해 다른 종교를 압박하며 민족 간에 분열을 일으켰고, 결국 이로 인한 종교 갈등으로 암살당하고 말았습니다.

여러 평가에도 불구하고 영국 BBC방송이 설문 조사한 '위대한 여성 10인' 중에서 지난 천 년간 가장 위대한 여성 1위로 뽑힐 정도로 세계 역사에 한 획을 그은 지도자였습니다.

둘　앙겔라 메르켈(1954년~)

2005년에 선출된 독일 최초의 여성 총리입니다.
대학에서 물리학을 전공하고, 물리학 박사로 동베를린
물리 화학 연구소에서 일하다 1989년 베를린 장벽이
무너질 때 동독 민주화 운동 단체인 '민주 개혁'에
가입하면서 정치 활동을 시작했습니다.
이후 콜 총리의 신임을 받아 여성 청소년부 장관이
되었습니다. 다양한 분야에서 정치 경험을 쌓았고,
2000년 4월 독일 기독교 민주 동맹 최초의 여성 당
대표 겸 원내 총무가 되었습니다. 그리고 2005년 9월
총선에서 승리하면서 독일 총리로 선출되었습니다.
앙겔라 메르켈은 정치 감각과 수완이 뛰어난 데다
과감하고 추진력도 강해 '독일의 마거릿 대처'라고
불리고 있습니다.

앙겔라 메르켈은 독일 최초의 여성 총리로, 2005년부터
독일을 이끌며 유럽 전체에도 영향을 주었습니다.

셋　골다 메이어(1898~1978년)

메이어는 이스라엘의 첫 여성 총리입니다.
이스라엘을 건국한 정치인 중 하나이며 신생
이스라엘 공화국의 노동부 장관, 외무부
장관을 거쳐, 1969년 3월 17일부터 1974년 4월
11일까지 네 번째 총리를 지냈습니다.
메이어는 마거릿 대처보다 먼저 '철의
여인'이라는 별명으로 불렸습니다. 그녀는
여성도 활동 영역을 가정에 국한하지 말고 현실
사회에 직접 참여할 수 있는 강한 여인이 되자는
신념을 가지고 있었습니다.

이스라엘의 첫 여성 총리인 골다 메이어

넷 **아웅산수찌(1945년~)**

미얀마의 정치인입니다. 국민 투표에서 82퍼센트라는
압도적인 지지를 받아 지도자로 뽑혔지만, 국가 권력을
장악하고 있는 군사 정권에 의해 오히려 가택 연금을 당하기도
하였습니다.

아웅산수찌 여사는 미얀마의 독립 영웅 아웅산 장군의
딸로, 영국의 옥스퍼드에서 공부했고, 영국인과 결혼해
평범하게 살아가고 있었습니다.

그러던 어느 날 미얀마에 사는 어머니가 쓰러지셨다는
연락을 받고 고향으로 돌아가게 되었답니다. 그곳에서
그녀는 군사 독재에 부당하게 착취당하고, 죽어 가는
투사들을 보게 되었습니다.

아웅산수찌는 조국의 민주주의를 위해 투신하기로
마음먹었습니다. 군부 독재에 억압받고 있던
미얀마의 국민들은 미얀마 건국의 아버지라 불리는 아웅산
장군의 딸 아웅산수찌 여사를 열렬하게 지지했습니다. 그

미얀마의 정치인 아웅산수찌

결과 엄청난 득표 차로 아웅산수찌가 이끄는
민주주의민족동맹이 압승을 거두었습니다.

하지만 군사 정부는 투표를 무효로 선언하고 그녀를
자택에 감금시켜 버렸습니다. 군사 정부를 위협하는
그녀가 정치 활동을 하는 것을 두고 볼 수는 없었기
때문입니다.

가택 연금 중에 있던 1991년 아웅산수찌 여사는 노벨
평화상을 받았습니다. 하지만 이 시상식에 참석할 수
없어 남편과 아들이 대신 받아야 했답니다.

아웅산수찌의 가택 연금을 풀어 줄 것을 요구하는 시위

미얀마의 민주화 영웅으로 불리는 아웅산수찌 여사는
2010년 가택 연금에서 석방되어 정치 활동을 다시 시작한
후, 2015년부터 2020년까지 미얀마 최고의 실권자로 나라를
이끌었습니다.

엘런 존슨설리프(1938년~)

아프리카 대륙에서 민주 선거를 통해 선출된 최초의
여성 대통령입니다. 미국 하버드대에서 박사 학위를
받은 그녀는 세계은행과 유엔 개발 프로그램의
아프리카 국장을 역임했습니다.
조국에 돌아와 재무 장관을 역임했지만
라이베리아에 군사 쿠데타가 일어나자 군사 독재에
맞서 투쟁하다가 생명의 위협을 느껴 해외로
망명했습니다.
이후 2005년 대선에 출마해 68세의 나이로 대통령에
당선되었습니다. 2006년 1월 아프리카 대륙 최초의
국민 직접 선거를 통한 여성 대통령으로 취임한
그녀는 경제 발전 및 민주적인 제도 확립에
매진해, 매년 눈부신 경제 성장을 달성했습니다.
또한 라이베리아의 평화를 구축하고, 여성의
위상 강화에도 공헌했습니다.
2011년 노벨상 위원회는 여성의 인권 강화
및 민주화에 기여한 공로를 기려 존슨설리프
대통령에게 노벨 평화상을 수여했습니다.

엘런 존슨설리프는 라이베리아의 대통령입니다.

2011년 노벨 평화상 시상식에서 수상 소감을 발표하는
엘런 존슨설리프

who? 지식사전

엘런 존슨설리프의 나라, 라이베리아 공화국

라이베리아는 아프리카 서부 대서양 연안에 위치한 국가로 1822년 미국 식민
협회가 해방된 노예들을 아프리카로 귀환, 이주시키면서 만들어진 국가입니다.
1847년 미국으로부터 독립했으며 아프리카 최초의 공화국이 되었습니다.

라이베리아의 국기

7 대처리즘

이번에야말로 영국병을 치유하겠다고 마음먹은 마거릿의 행보는 신속하고 단호했습니다. 석탄을 사 모으도록 지시한 뒤 석탄 공사 대표를 불렀습니다.

석탄을 많이 생산하지 못하는 경제성 없는 광산을 정리해 폐쇄하도록 하세요!

하지만 그렇게 되면 대량 실업 사태가 일어날 텐데요?

그렇다고 생산성 없는 광산을 언제까지나 국가가 도와줄 수는 없습니다.

석탄 공사가 20여 개의 탄광을 폐쇄한다고 발표하자 탄광 노조는 모든 광산의 문을 닫고 파업에 들어갔습니다.

정부가 우리 노동자를 탄압하고 몰아내려 한다!

20여 개의 탄광을 폐쇄하면 2만 명이 넘는 실업자가 생긴다!

마거릿 대처는 이 실업자 가족들을 버리려는 건가!

석탄 공급에 차질이 빚어지기 시작했지만, 마거릿은 꿈쩍하지 않았습니다.

예상했던 일입니다! 그들에게 휘둘려서는 안 됩니다!

파업이 길어지자 노조의 시위는 점차 폭력적으로 변하기 시작했습니다.

대처 나와!!

우리 모두를 죽이려는 거냐!

이 폭력을 막기 위해 영국의 모든 경찰들이 동원되다시피 했습니다.

경찰들이 죄다 노조를 상대하느라 출동해 버려서 치안이 불안해요.

대체 언제까지 이렇게 불안하게 살아야 하는지.

정부의 대응이 너무 가혹한 거 아닐까요?

이제 대화를 시도할 때가 아닐까요?

파업이 줄기는커녕 갈수록 더 거칠어지고 있습니다.

더욱 거칠어진다는 것은 그들이 초조해한다는 증거입니다. 끝이 보인다는 뜻이지요.

그렇다 해도 쉽게 끝내지는 않을 것입니다.

일반 시민들의 반발심도 커지고 있습니다.

다음 총선을 위해서라도 이쯤에서 타협하시는 것이……

한 치의 양보도, 타협도 없을 것입니다! 이번 기회를 놓친다면 영국에 더 이상 희망이 없습니다!

강력한 태도로 정책을 밀어붙였지만, 파업이 진행되는 동안 마거릿 역시 많은 갈등을 했습니다.

저들이 저렇게 독해지는 것은 당연한 일이야. 하루아침에 직장을 잃는다는 것이 얼마나 막막한 일인지 모르는 것은 아니야.

하지만 이건 그들 모두와 영국의 미래를 위해 어쩔 수 없는 희생이고 과정이야. 내가 여기서 흔들려선 안 돼!

파업이 1년 가까이 되자 노조도 점점 지치기 시작했습니다.

독한 여자!

대처는 절대 양보하지 않을 거야.

철의 여인이란 별명이 괜히 붙은 것이 아니었어.

난 돌아가겠어!

어딜?

지난 1년간 일을 못 해서 우리 식구들은 지금 끼니 걱정을 하고 있다고!

하지만 아직 노조가 파업 철회를 하지 않았는데?

그래서 어쩌라고? 노조가 한 게 뭐 있어? 일 못 하게 막고, 폭력이나 일으키고! 난 노조를 나갈 거야!

하지만!

자네들도 빨리 결정해! 여기 계속 있다간 가족들만 힘들어져!

철통 같았던 노조에 균열이 생기기 시작했습니다.

나, 나도 돌아갈래.

나도.

이, 이봐! 왜들 그래?

결국 1985년 3월 3일, 노조는 파업을 철회했고, 1년여에 걸친 긴 싸움이 끝났습니다.

아무리 고통스럽더라도 곪은 상처는 도려내야 합니다. 그래야 새살이 돋아 건강하게 살 수 있는 것입니다.

많은 분들이 이번 사태로 힘드신 것 알고 있습니다. 하지만 약속하겠습니다! 보다 나은 미래가 영국과 여러분을 기다리고 있습니다!

이 사건 이후로 영국의 노조 파업은 현저히 줄어들었습니다. 기업하기 좋은 환경이 되자 외국 기업들이 영국에 투자하기 시작했고, 영국 경제도 살아나기 시작했습니다.

영국 경제를 풀 수 있는 해답은 DIY(Do-it-yourself) 정신입니다. 모든 것을 스스로 헤쳐 나가야 한다는 말입니다.

가장 큰 장애물을 넘긴 마거릿은 이제 자신의 경제 정책을 더욱 빠르게 시행하기 시작했습니다. 마거릿이 주목한 것은 바로 국가 소유의 기업을 민간 기업에 팔아 민영화시키는 것이었습니다.

너무 많은 산업이 국유화되어 활력이 없습니다. 이득이 나지 않아도 나라에서 월급을 주니 기업가 정신을 잃어버렸어요.

하지만 국영 기업은 대부분 중요한 산업 분야입니다. 신중해야 합니다.

그렇습니다. 만약 민간 기업이 되었다가 잘못되면 국민들의 생활에 큰 타격을 주게 될 것입니다.

살아남느냐, 도태되느냐는 정부가 개입할 문제가 아닙니다. 기업 스스로 살아남을 방법을 찾다 보면 분명 능률도 오르고 성공할 것입니다.

마거릿의 정책은 효과가 있었습니다.

예전에는 소득세가 너무 높아 일할 맛이 안 났는데 요즘엔 조금이라도 더 일하고 더 벌고 싶다니까.

그러게 말이야. 소득세를 대폭 줄여 주니 버는 족족 내 돈이 돼서 일하는 게 즐거워.

브리티시 항공이 민영화되고 나서 서비스가 아주 좋아졌어.

맞아. 예전엔 승객이 많든 적든 신경도 안 쓰더니 민영화되고 나선 한 명이라도 더 유치하려고 다른 나라 항공사들과 서비스 경쟁을 하잖아?

사람들은 열심히 일했고, 기업들은 앞다투어 투자를 했습니다. 영국 경제가 활기를 띠고 성장하기 시작했습니다.

이렇게 영국 경제에 활력을 불어넣은 마거릿에 대한 영국인의 애정은 엄청났습니다.

1987년 총선!
보수당의
압도적 승리!

거릿 대처!
째 임기

영국 경제가 안정을 찾고 있던 이때 유럽에는 큰 변화의 바람이 불고 있었습니다.

이번 국회에서 가장 먼저 논의
해야 할 문제는 유럽 공동체
EC에 대한 영국의 입장을
정리하는 것입니다.

EC는 유럽의 여러 나라가
하나의 나라가 되어 정치와
경제를 하나로 합치자는
것 아닙니까?

그렇습니다. 강대국인
미국이나 무섭게 성장하고
있는 아시아를 견제하려면
유럽이 하나로 뭉쳐야
한다는 데 대부분의 나라가
동의하고 있습니다.

전 반대입니다.

네? 이미 대부분의 유럽 국가들이 찬성하고 있는데요?

이것을 거부하면 영국은 유럽에서 고립될 것입니다.

유럽은 각자의 나라가 전통과 언어가 살아 있는 고유의 나라들입니다. 그 나라들이 왜 하나가 되어 자신의 색을 잃어야 합니까?

그리고 영국은 이제 겨우 경제가 회복되어 활기를 찾고 있습니다! EC에 흡수되면 우리 경제는 다시 흔들리게 됩니다!

하지만 이미 다른 나라들이 ······.

다른 나라의 결정엔 관심이 없습니다!

나라 간에 국경이 없다는 것은 용납할 수 없는 일입니다!

마거릿의 단호한 태도는 영국 내부뿐 아니라 유럽의 다른 국가들에서도 비난을 받았습니다.

고집불통!

영국을 유럽에서 고립시키고 있어!

대화가 되지 않는 여자!

이런 국제적인 문제뿐 아니라 영국 내부에서도 문제가 생기기 시작했습니다.

유럽의 여러 나라에서 계속해서 물가 상승이 발생하면서 영국도 타격을 입고 있습니다!

영국 경제가 다시 추락하기 시작했습니다!

겨우 안정을 찾은 경제를 또다시 무너뜨릴 수 없습니다! 정부의 재정을 확보하세요!

재정을 늘리려면 세금을 더 거둬야 합니다.

물가가 폭등해 힘든 서민들에게 더 거둘 수 있는 세금이 없습니다.

경제 공황이 오면 국민 모두가 힘이 듭니다. 고통 분담 차원에서 모든 국민에게 세금을 걷어야 합니다.

모든 국민에게 고루요?

어떤 세금을요?

마거릿은 높아지는 물가 상승 현상을 억제하기 위해 지금까지와는 상반된 세금 정책을 강행했습니다.

주민세라고?

사람 수대로 세금을 내야 한대요. 어른뿐 아니라 어린 아기들까지요!

우리 집처럼 아기가 많은 집은 엄청난 세금을 내야 한다구요.

재정 긴축으로 그렇지 않아도 어려운데 이젠 죽으라는 건가?

흥분한 사람들이 거리로 쏟아져 나왔고, 이내 시위는 폭동으로 변했습니다.

대처는 물러나라!

서민들을 다 죽일 셈이냐!

살기도 힘들어 죽겠는데 이젠 세금까지 올리다니!

경찰과 시위대가 충돌하면서 수많은 부상자가 생겼습니다.

이렇게 혼란이 심해지는 상황에서도 마거릿은 자신의 주장을 굽히지 않았습니다.

성인이라면 누구나 자기의 경제생활에 대한 책임을 져야 합니다! 국민이라면 세금을 내는 것이 당연하지요!

민심이 악화되면서 보수당에 대한 지지율이 떨어졌고, 보수당 내부에서도 마거릿에 대한 비판이 쏟아지기 시작했습니다.

보수당 지지율이 추락하고 있어요!

수상의 독선으로 보수당 전체가 무너질 지경입니다.

이제 더 이상 두고 볼 수는 없습니다!

재신임 투표를 한다고요?

그렇습니다. 민심이 완전히 등을 돌린 상황에서 계속 버티고 있을 수는 없습니다.

저에게 그만두고 나가라는 말이군요?

그렇지 않습니다. 재신임 투표로 결과가 좋으면 국민들의 마음도 조금은 누그러질 것입니다.

아무것도 안 하는 것보다 노력하는 모습을 보여 줘야 합니다.

알겠습니다. 받아들이겠습니다.

마거릿은 자신이 떠나야 할 때가 온 것을 알았습니다.

내가 아무리 옳다고 생각해도 국민들의 생각과 일치할 수만은 없는 거야. 저들은 국민들을 대표하는 의원들이야. 저들의 생각도 존중해야 해.

이제 내가 떠날 때가 된 거야.

1990년 11월 20일의 1차 투표에서 마거릿은 204표를 얻어 1등을 했습니다.

득표수는 가장 많지만 과반수를 넘기지 못해 2차 투표를 하셔야 합니다.

2차 투표 전에 의원들 마음을 돌릴 수 있는 연설을 준비하시는 것이 어떻겠습니까?

아니요. 하지 않겠습니다.

아니, 왜요?

재신임될 확률이 높은데요?

세상은 빠르게 돌아가고 있습니다. 어쩌면 제 판단은 그 속도를 쫓지 못한 것일 수도 있습니다.

고집을 부려 남은 임기를 채우는 것보다 더 나은 사람에게 기회를 주는 것이 내 조국 영국을 위하는 길이라 생각합니다.

1990년 11월 22일, 마거릿은 수상으로서 마지막 연설을 했습니다.

지난 11년간 수상으로서 국민들에게 과분한 사랑과 관심을 받았습니다.

그리고 수상이 되었을 때와 마찬가지로 데니스와 함께 버킹엄 궁전에 찾아가 엘리자베스 여왕에게 고별인사를 했습니다.

TV를 통해 보여진 이 장면에서 마거릿의 눈가가 촉촉이 젖어 있다는 것을 사람들은 알 수 있었습니다. 철의 여인이 보인 이 눈물에 영국인들은 몹시 안타까워했습니다.

11년간 정들었던 곳인데 이렇게 떠나려니 서운하지요?

섭섭하긴 하지만 언젠가는 떠나야 할 곳인 걸요?

국민들에게 그렇게 많은 사랑을 받았었는데 ·······.

아니요, 데니스. 전 사랑받기 위해 정치를 한 것이 아니에요.

전 존경받는 지도자가 되길 원했어요. 지금은 혼란스러운 시기라 모두들 감정이 상했지만 언젠가는 제 마음을 알아줄 거라 믿어요.

맞아요. 무엇보다 영국병을 고치고 다시 한번 대영 제국의 힘을 보여 준 건 영원히 기억될 거예요.

그럼요. 저는 철의 여인인걸요?

그랬지요. 철의 여인. 하하!

그럼 이제 한동안은 밀린 잠도 자고 푹 쉬어 볼까요?

아마 그러지 못할 것 같은데요? 벌써 세계 여러 나라에서 강연 초대가 줄을 잇고 있어요.

저런, 여전히 바쁘겠군요? 하하하!

마거릿은 그녀의 말처럼 수상 자리에서 물러난 뒤로 세계 여러 나라를 돌며 세계 문제와 경제에 대한 강연을 하고, 책을 펴내기도 하면서 수상으로 살았을 때만큼 바쁜 삶을 살았습니다.

마거릿 대처의 통치 철학을 '대처리즘(Thatcherism)'이라고 부를 정도로
그녀의 정치적 신념은 확고한 것이었습니다.

마거릿은 미국과의 강력한 우방 관계를 통해 냉전 중이던 세계 역사의 흐름을 시장 경제에 유리하게 끌어오는
데도 이바지했습니다. 마거릿은 위기 상황에서 때로 강직하고 소신 있는 정치 지도자가 필요하다는 것을
보여 주었습니다.

아직 신분의 차이가 존재하던 시절, 평범한 상인의 딸로 태어나
계급과 성별을 초월해 영국 최고의 자리에 오른 여성.

그녀는 영국 최초의 여성 수상으로서 역대 영국 수상들이 해내지 못한 '영국병'을 치유해, 영국 경제를 살려 냈습니다. 소련이 붙여 준 '철의 여인'이라는 별명을 좋아한 진정한 철의 여인 마거릿!
그녀는 강력한 정책을 추진해 많은 사람들의 비난을 받기도 했습니다. 하지만 그녀는 흔들리지 않았습니다. 무엇이 진정 영국에 필요한지에 대한 신념이 있었기 때문입니다.
마거릿 대처는 비난과 고통에 굴하지 않고 꼭 해야 할 일을 해 나간 진정한 리더였습니다.

who?와 함께라면 미래가 보인다

어린이
진로 탐색

장관

어린이 친구들 안녕?
마거릿 대처 이야기 재미있게 읽었나요?

그렇다면 이제부터
마거릿 대처가 꿈을 키워 가는 과정을 함께 되짚어 보며
그가 활동한 분야와 그 분야에 속한 다양한 직업에 대해
살펴봐요!

또한 여러분에게는 어떤 장점과 적성, 가능성이
숨어 있는지 찾아보면서
그것을 어떻게 진로와 연결시킬 수 있는지에 대해서도
알아봅시다!

그럼 지금부터
여러분이 멋진 꿈을 향해 나아갈 수 있도록 도와줄
진로 탐색을 시작해 볼까요?

자기 이해부터
진로 체험까지,
다양한 진로 탐색
활동을 시작해 봐요!

나의 단점과 장점은?

어린 시절 마거릿 대처는 학교에서 친구를 잘 사귀지 못했어요. 공부에 열중하느라 수업이 끝나도 친구들과 놀지 않았기 때문이지요. 고민하는 대처에게 아버지는 친구를 사귈 때에도 소신을 지키라고 조언해 주셨어요. 대처는 주관이 뚜렷한 성격이어서 친구들과 잘 어울리지 못했지만, 한눈팔지 않고 이루고자 하는 목표를 향해 나아갈 수 있었습니다.

여러분은 어떤 성격인가요? 그리고 그 성격으로 인한 나의 단점은 무엇이고, 장점은 무엇인지 생각해 보세요.

나의 성격

↓   ↓

나의 단점은?   **나의 장점은?**

열심히 노력했던
일이 있나요?

어린 시절 마거릿 대처는 옥스퍼드 대학에
장학생으로 입학하는 것을 목표로 삼았어요.
선생님은 너무 힘든 목표라고 말렸지만
대처는 흔들리지 않았어요. 결국 열심히
공부한 대처는 옥스퍼드 대학에 합격했고,
장학금도 받을 수 있었습니다.
여러분도 마거릿 대처처럼 최선을 다해서
해냈던 일이 있나요? 그 일은 어떤 것이었는지,
그리고 그때 들었던 생각이나 느낌은 어떠하였는지 함께
적어 보세요.

＊ **최선을 다해서 해낸 일은 무엇이었고, 어떻게 노력했나요?**

＊ **어떤 생각 또는 느낌이 들었나요?**

진로 탐색 STEP 3

대표적인 여성 정치 지도자는 누가 있을까요?

마거릿 대처가 태어난 당시에는 여성들이 사회 활동을 활발하게 하지 못했으며, 여성 정치인은 소수에 불과했어요. 대처는 여성이라는 이유로 무시와 차별을 받았지만, 그 모든 것을 이겨 내고 영국을 대표하는 정치 지도자로 우뚝 섰지요. 마거릿 대처 외에도 편견을 극복하고 정치 지도자가 된 인물은 많아요.

세계적인 여성 정치 지도자는 또 누가 있을까요? 책이나 인터넷 등을 통해 조사해 보세요.

이름:

나라

업적

이름:

나라

업적

190

우리나라 정부의 행정 기관은?

마거릿 대처는 연금 장관, 주택공사 장관, 재무 장관, 교육 장관 등 여러 행정
기관을 거치며 각 기관의 장으로서 활약하기도 했어요. 행정 기관이 이토록 다양한
이유는 국민의 삶을 위해 수많은 분야를 다뤄야 하기 때문이에요. 우리나라에서는
나라의 상황과 정책에 따라서 대통령을 비롯한 정치인들이 논의하여 필요한 기관을
결정한답니다. 그렇다면 현재 우리나라에는 어떤 행정 부처가 있는지 책이나
인터넷을 통해 조사해 보고, 이외에 어떤 일을 하는 기관이 있으면 좋겠는지 자신의
생각을 적어 보세요.

✳ 현재 우리나라에는 어떤 행정 부처가 있나요?

기획재정부, 교육부

✳ 이외에 우리나라에 어떤 행정 부처가 생기면 좋을까요? 그 행정 부처에서는 어떤
일을 하면 좋을지, 또 그렇게 생각한 이유는 무엇인지 적어 보세요.

진로 탐색 STEP 5

장관이 된다면 어떤 일을 하고 싶나요?

마거릿 대처는 장관으로 일하며 자신과 보수당의 신념을 바탕으로 여러 가지 정책을 시행했어요. 교육 장관으로 있을 때는 학교에 다니는 어린이에게 무상으로 우유를 주는 정책을 없애는 등 지출을 줄이는 대신, 교육 시설을 보수하는 데 필요한 예산을 쓰도록 했어요.

마거릿 대처와 같이 행정 조직의 장관은 경험이 많은 정치인이 맡는 경우도 있지만, 그 분야의 전문가 중에서 정부의 정책과 뜻이 맞는 사람이 맡기도 합니다.

＊ 여러분이 마거릿 대처와 같이 장관이 된다면 어떤 행정 부처에서 일하고 싶나요?

＊ 그 부처의 장관으로서 어떤 일을 하고 싶나요?

정부 부처가 모여 있는 정부 세종 청사

정부 세종 청사의 전경

세종시의 정식 이름은 세종특별자치시입니다. 이러한 이름이 붙은 것은 세종시가 우리나라의 정부 부처들을 모아 놓기 위해 특별히 건설된 도시이기 때문입니다.

정부 청사는 서울시, 과천시, 대전시, 세종시, 그리고 지방 청사가 있는데, 그중에서도 정부 세종 청사는 가장 큰 규모를 자랑합니다. 정부 세종 청사는 모두 열일곱 개의 동으로 이루어져 있습니다. 기획 재정부, 해양 수산부, 농림 축산 식품부 등 열두 개의 부처가 정부 세종 청사 안에 있으며, 그 외에도 다양한 정부 기관들이 있습니다.

정부 세종 청사는 일반인들을 위해 간단한 옥상 정원 견학 프로그램을 운영하고 있습니다. 종합 안내실에서 정부 세종 청사를 소개하는 홍보 동영상을 본 다음, 옥상 정원을 관람할 수 있습니다. 보안 등의 이유로 관람을 위해서는 사전 예약이 필요하며, 입장 시간도 제한되어 있으니 운영 일정은 미리 확인해야 합니다.

이외에도 정부 세종 청사 근처에 위치한 밀마루 전망대에서는 정부 세종 청사는 물론 세종시를 한눈에 내려다볼 수 있으며, 행복도시 세종 홍보관에서는 세종시의 건설 과정을 관람할 수 있습니다.

거대한 정부 세종 청사 건물을 보면 우리나라 정부가 얼마나 많은 일을 하고 있는지 느껴질 거예요.

정부 세종 청사의 옥상 정원은 세계에서 가장 큰 옥상 정원으로 기네스북에 등재되어 있어요.

마거릿 대처

1925년		10월 13일, 영국 링컨셔 그랜덤에서 태어났습니다.
1936년	11세	케스트벤 그랜덤 여학교에 입학했습니다.
1943년	18세	옥스퍼드 대학 화학과에 입학하고 옥스퍼드 대학 보수 협회에 가입했습니다.
1946년	21세	옥스퍼드 보수 협회의 회장으로 선출됩니다.
1947년	22세	옥스퍼드 대학을 졸업하고 화학 연구원이 되었습니다.
1950년	25세	켄트주 다트퍼드 선거구 의원으로 출마했으나 떨어집니다.
1951년	26세	데니스 대처와 결혼해 마거릿 대처라고 불리게 되었습니다.
1953년	28세	변호사 시험에 합격하여 법률 사무소를 열었습니다.
1959년	34세	북 런던의 핀츨리 지역에서 보수당 국회 의원으로 당선되었습니다.

1961년	36세	해럴드 맥밀런 수상에 의해 연금 국민 보험성의 차관으로 발탁됩니다.
1970년	45세	에드워드 히스가 이끄는 보수당의 집권으로 교육 장관이 됩니다.
1975년	50세	야당이 된 보수당의 대표가 됩니다.
1979년	54세	보수당을 이끌고 총선에서 승리해 수상이 되었습니다.
1982년	57세	영국이 포클랜드 전쟁에서 승리합니다.
1985년	60세	탄광 노조 파업과의 싸움에서 승리합니다.
1990년	65세	마지막 연설을 끝으로 보수당의 대표와 수상 자리에서 물러납니다.
2013년	88세	뇌졸중으로 사망합니다.